曲がりくねった一本道

——戦後七十年を生きて

徳永 徹

Tokunaga Tohru

作品社

曲がりくねった一本道／目次

第三章　さまざまな国と時代の点描（一九五九年～一九九三年）……131

曲がりくねった一本道

——戦後七十年を生きて

序　章

二〇一五年の日本では、到る所で「戦後七十年」という言葉が飛び交った。戦後七十年という節目の年というだけでなく、戦後の安保政策を大きく転換する「安全保障関連法」について、国会の内外で激しく争われたためでもあった。私は一九二七年九月十五日の生まれで、この年の九月十五日には平穏に米寿の誕生日を過ごしたが、この日国会では参議院の特別委員会でぎりぎりの論戦が行われ、国会の周囲でも法案反対のデモが日ごとに大きくなり緊張が高まっていた。

この年の元旦の新聞には、天皇の年頭所感が載っていたが、その後半は次のようであった。

「本年は終戦から七十年という節目の年に当たります。多くの人々が亡くなった戦争でした。各戦場で亡くなった人々、広島、長崎の原爆、東京を始めとする各都市の爆撃などにより亡くなった人々の数は誠に多いものでした。この機会に、満州事変に始まるこの戦争の歴史を十分に学び、今後の日本のあり方を考えていくことが、今、極めて大切なことだと思っています。

この一年が、我が国の人々、そして世界の人々にとり、幸せな年となることを心より祈ります。」

宮内庁は恒例の如く、新年にあたって天皇が詠まれた歌三首を発表したが、その一首。

（来たる年が原子爆弾による被災より七十年経つを思ひて）

爆心地の　碑に白菊を　備へたり
　忘れざらめや　いにし　彼の日を

私はこの言葉や和歌に強い共感を覚えた。顧みると私の少年時代は、徹頭徹尾戦争の時代だった。満四歳のとき満州事変が始まり、五歳のとき五・一五事件が起こり、また満州国の建国が宣言され、六歳のとき日本は国際連盟を脱退した。私は小学校を三年まで鎌倉、四年は横浜、五、六年は長崎と三つ転校したが、三年生のとき二・二六事件が起こり、一年下の髙橋君の祖父さんの大蔵大臣が軍人たちによって射殺された。四年生のとき日中戦争が勃発し、私たちは南京の攻略を旗行列をして祝ったが、中国大陸での戦争は長期化して延々と続いた。六年のときに欧州で第二次世界大戦が始まり、県立長崎中学（長中）の二年生の十二月に日本は太平洋戦争に突入した。

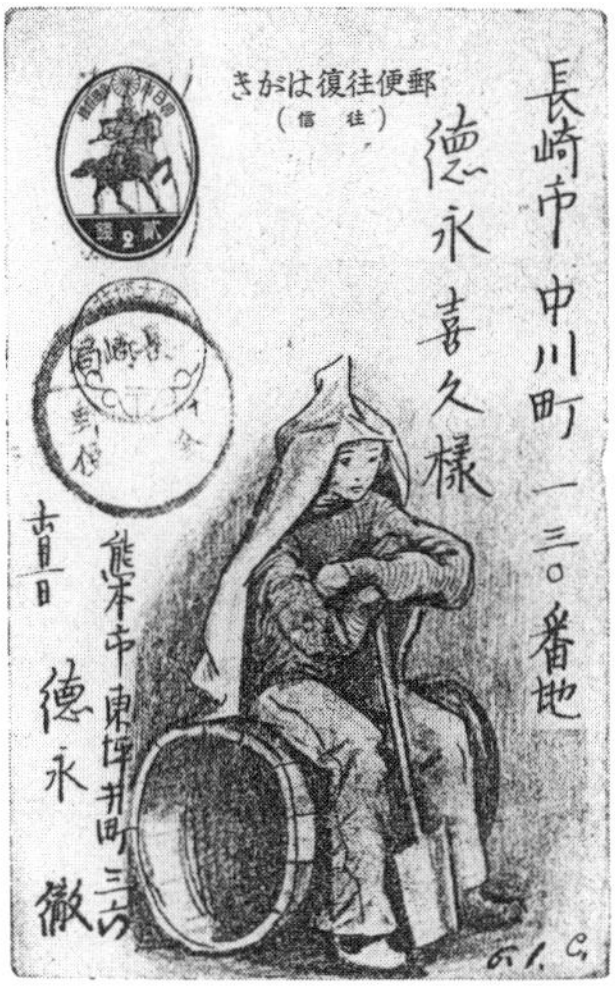

終戦の２カ月前の６月１日に熊本から長崎の母へ出した葉書。絵は著者自画像

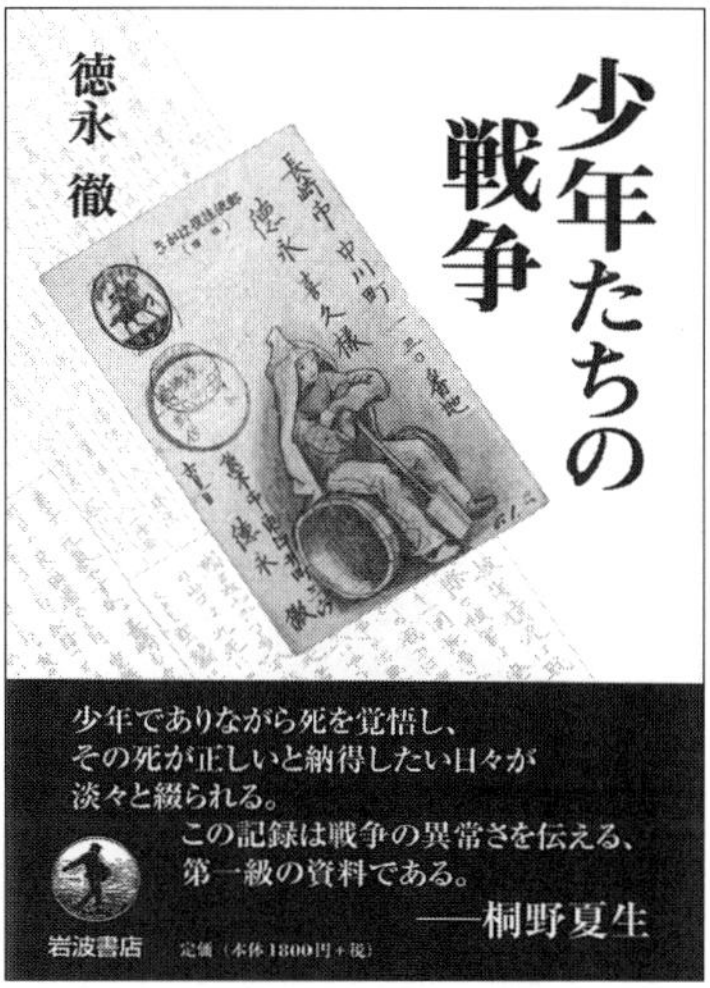

『少年たちの戦争』（岩波書店、2015年）

空襲には何度も遭い、機銃掃射を受けたこともあった。長崎に原爆が落ちたとき、私は熊本の旧制第五高等学校（五高）に入学していたために命拾いをしたが、長中時代の沢山の友人を失った。だから天皇のこの言葉や和歌を身につまされて、切実に感じたのだ。

私は二〇一五年の二月に、岩波書店から『少年たちの戦争』という本を出版した。それは長崎の小学校時代の親友二人と交わした実在の手紙や日記をもとに、戦時下の少年たちの姿をありのままに記したものだが、思いがけず桐野夏生さんがオビに「この記録は戦争の異常さを伝える、第一級の資料である」と書いて下さり、多くの新聞雑誌も書評を載せてくれ、六月には政党機関紙の公明新聞や

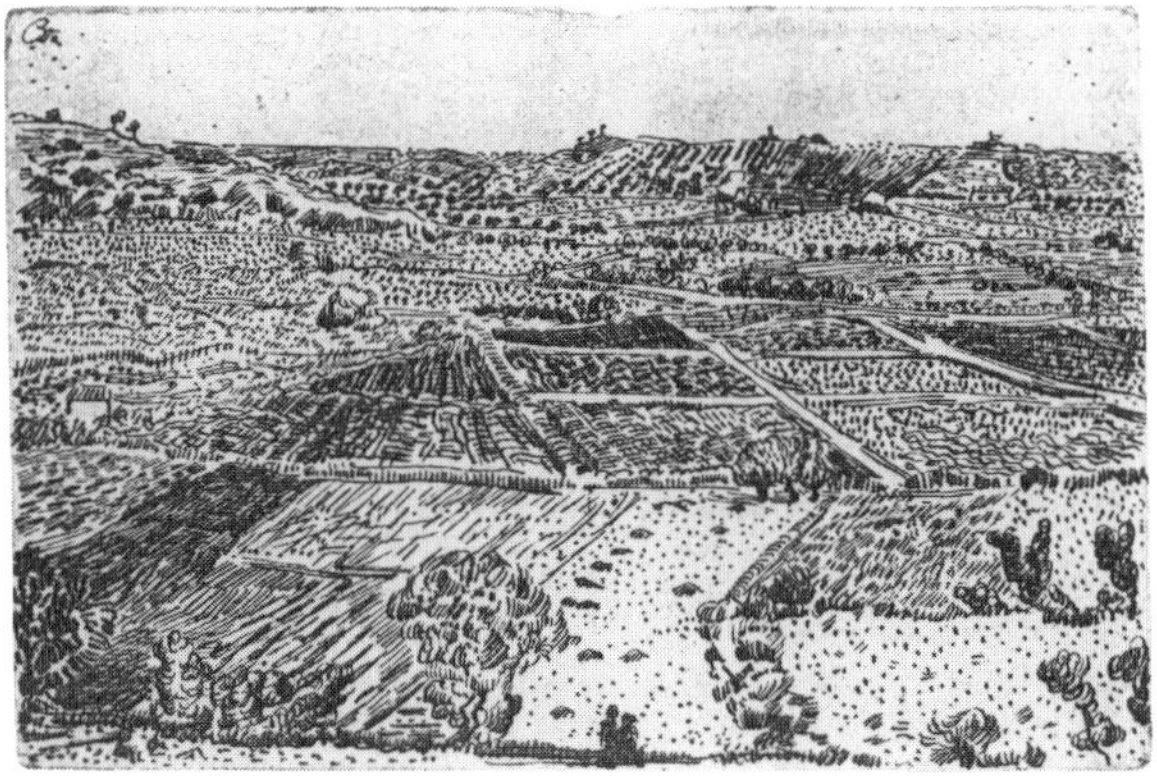

前頁葉書の裏面の田園風景

赤旗も立派な書評を書いてくれた。また日本エッセイスト・クラブ賞の候補にもノミネートされた。

　この本の表紙のはがきの写真は、終戦の年の六月一日に、熊本にいた私が長崎の母親に出したもので、描かれている防空頭巾をかぶりスコップを持った少年は、私の自画像である。このはがきの裏面には、上掲のように、一面の畑の絵が画いてあるだけで、文字は一つも無い。その二カ月前の四月一日に沖縄本島に上陸した米軍は全島を制圧しつつあり、米軍の九州上陸が目前に迫っていた。高校一年生ながら立派に戦死しようとひたすら覚悟していた私には、もう母親へ語る言葉が無かったのだ。

　戦後七十年、日本は世界でも珍しい平和な国だった。戦争で死ぬ者は一人もいなかったたし、また銃で他国の人を撃つ者も一人もいなかった。そう言い切れる国がいったい今の世界にどれだけあるだろう。被爆国日本は、

「戦後百年」「戦後二百年」と言い続けることができるように、と切に願った。

そして書き出したのが本書である。前著『少年たちの戦争』は、原爆と終戦という時点で稿を閉じているので、次は戦後七十年という時代の体験について書きたいと思った。しかし実際には、七十年という時代は長く、しかもその七十年はまさに激動、激変の時代で、私のような門外漢の素人の体験や筆力では手に余るし、基礎医学の研究者である私は時代の流れから遠くに立っていた時期も長かった。何度か執筆を諦めかかったが、実在の一人の日本人が、実際に見たこと、感じたこと、考えたことを、ありのままに書き残すことには、何らかの意味があろうかとも思えた。

周囲を見ると、戦時中はもとより、戦後十年という時代を記憶する人の数もずいぶん少なくなってきた。そこで、第一章は戦後の一年間について、また第二章は戦後十年について、ほぼ時間を追って、やや詳しく記し、其の後の六十年については、多くの人々がまさに生きてきた時代なので、断片的に、オムニバス風に綴ってみることとした。

世阿弥は「老後の初心　忘るべからず」とも、また、「命には終わりあり、能には果てあるべからず」とも言っている。アップルの創業者スティーブ・ジョブスも、こう言っている。「ベストを尽くして失敗したら、ベストを尽くしたってことさ」。

第一章　戦後のはじまり

（一九四五年八月～四六年）

（一）原爆、そして敗戦

原爆の悲惨さを一番よく知っている者は、爆死した者たちだ。生き残った被爆者はそれに次ぐ者だが、多くは打ちのめされて、戦後もその経験を語ろうとしなかった。

私はその前年、『少年たちの戦争』に記したように、長中の四年から五高に入学したが、結核のため一年休学して、その年に長中から五高に入った親友の相川賢太郎（のちの三菱重工社長）と、長中では一学年下だったが戦時中の「繰り上げ卒業」で、やはり五高に入った弟の徳永恂《とくながまこと》（のちの大阪大学名誉教授）と、三人がそろって五高の一年生だったが、相川と恂とは原爆投下直後に廃墟の長崎へ入る一番列車に乗り込むことができた。このとき彼らが見た光景は、まさに筆舌に尽くせぬものがあったと思う。

相川は後日こう書いている。

「その爆心地の瓦礫の中では約七万人の市民が爆死したと言われています。全滅したため救援に当たる人のいない、被爆後三日目の被爆地のことですから、列車の窓から見渡す限り、点々と死者が横たわり、思わず目を覆いました。超高熱による瞬時の即死のためか、生きているときの姿そのままに、足を上げ、手を上げ、空をつかみ、ゴム人形のように硬直している赤黒い遺体は余りにも無残でした。

松山町で脱線した電車の中には、七、八人の死んだ乗客が生けるが如く並んで坐っており、運転手はハンドルを持ち、運転台に寄りかかって、立ったまま亡くなっていました。下ノ川は川幅十メートル足らずの小川ですが、その水辺には水を求めた沢山の人達が、蟻のように水に顔を浸けたまま息絶えていました。中には、未だ生きている人もかなりいるような気配でしたが、助けるすべもありません。

牛や馬も荷車を引いたまま、首を上げて倒れていました。見渡す限り死屍累々として、動くものは何も無い荒野の中では、悲しみの感情も破壊されるのか、一番列車の人達は涙も声も表情も無く、ただ呆然と眺めるだけでした。」

（『長崎原爆被爆体験記』東京都原爆被爆者協会東友会、二〇〇六年）

また恂はこう書いた。

「残骸に充ちた焦土や点々と倒れ伏す負傷者や死体には、もう私たちは（慣れっこになっていて、）それほど驚かなくなっていた。しかし爆心地で私たちが見たものは、あまりにも異様な光景で、それは何もない空間だった。そこには焼け崩れた家も瓦礫もなく、ただ白くのっぺりした地面が拡がり、わずかに土壁に入っていた竹片らしいものが点々と散らばっているだけだった。（中略）折れた鉄骨やくすぶっている楠の立木、焼け爛れて生死も判然としない人間、爆心地を過ぎて、そういうものたちが見えてきた時、むしろ私はほっとしたのを覚えている。つい先ごろまで私たちが動員されていた機械工場はまだ盛んに燃えていた。それを見たあたりでやっと私は現実に帰ったといってよい。あの爆心地の何も無い古代円形劇場の廃墟のような空間、無のうちに露出していた白い地表。その光景が与えた衝撃は、人間を超えたものから到来し、人間を人間以下のものに突き落とすかのように私を叩きのめした。人間がこれほどまでに貶められ侮蔑されていいのか。国のために戦って死ぬことだけを念じ続けてきた私にとって、これは初めて知る国家を超えた人間そのものに関わる事態だった。『日本が』ではなく、『人間はついに敗けた』と私はいいようのない怒りの中でつぶやいた。」

（『結晶と破片』国文社、一九八三年）

長崎の私の家は、原爆の爆心地から山一つ隔てて三キロほど離れた場所にあったので、被害は爆心地ほどひどくはなかったが、それでも家は半壊し、ガラスの破片で妹は顔に、母は背中に傷を負った。父は長崎工業経営専門学校（戦前の長崎高商、戦後の長崎大学経済学部）の教授で、学生が動員されている工場を日々巡回していたが、その日はたまたま非番となり、病気のため作業を免除された学生とともに学校の校舎にいた。そして閃光に続く爆風で頑丈な窓枠と共に投げ飛ばされた。命は助かったが、まもなく爆心地の工場から重傷の学生が次々に山を越えて血みどろで学校に辿り着き、父はその手当てに追われ、自宅には夕方五分間ほど顔を出しただけだったらしい。その後も毎日、負傷学生の世話や、爆心地での学生捜索の日が続いた。

原爆投下後、相川と恂が直ぐに長崎へ帰ったのに、私が熊本にとどまった理由は、私が飽くまで熊本で戦死しようと覚悟していたからである。『少年たちの戦争』の記述と重なるが、長崎に「新型爆弾」が投下されたその日の未明に、ソ連の大軍が大挙満州国境を越えて南下してきた。翌々日の新聞に大きく出た陸軍大臣の布告を、私は切り抜いて日記帖に貼っている。その「布告」をルビも含めそのまま転記したい。

全軍将兵に告ぐ

ソ聯《れん》遂に戈を執《と》って皇国に寇す。名分如何に粉飾《ふん》すと雖《いえど》も、大東亜《あ》を侵略《しんりゃく》、制覇《せいは》せんとする野望歴然《れき》たり。

事茲《ここ》に至る、また何をか言わん。断乎神州護持《しゅう》の征《せい》戦を戦い抜《ぬ》かんのみ。たとえ草を食み土を噛り野に伏するとも断じて戦ふところ死中《し》自ら活あるを信《しん》ず。是れ即ち七生報国「我一人生きて在りせば」てふ楠公（楠木正成）救国の精神なると共に時宗（北条時宗）の「莫煩悩」、「驀直進前」をもつて、醜敵《しゅうてき》を撃滅《めつ》する闘《とう》魂なり。

全軍将兵、宜しく一人もあまさず楠公精神を具現すべし。而《しか》してまた時宗の闘《とう》魂を再《さい》現して驕敵《てき》撃滅《めつ》し驀直進前すべし。

昭和二十年八月十日　　陸軍大臣

これを読んだ私は改めて、草を食い、土を噛っても、最後まで戦って死のうと思った。だから家族宛の遺書を恂に託し、今生の別れとなることを覚悟しつつ、彼を上熊本駅で見送ったのだ。託した遺書の文言は、『少年たちの戦争』に記したが、それとは別にその夜の日記には、家族に呼びかけるように、こう書いた。

父上様、母上様、素子

恂は今日夕、長崎へ帰ることとなりました。彼の無事をひたすらに祈念しつつ、私は彼を彼の意志に従わせます。私は今、ますます敬虔に、ますます真摯に、私の道を歩みます。あなた方の無事を祈りつつ、あなた方のお守りを信じつつ。

八月十一日　　　　不肖なる息子にして兄なる　　徹

そして自分に向かっては、こう書き加えた。

△　君がため　朝霜踏みて　行く道は
　　尊く　悲しく　嬉しく　ありけり
　　　　　　　　　　　　（佐久良東雄）

△　心に太陽を持て　唇に歌を持て（ツエーザル・フライシュレン、訳山本有三）

△　尚友　生死を　共にせむ

△　戦いは万物に迫りて　未練を捨てしむ
　　すがすがしいかな　真に戦い極むるものの日常
　　皇国ますます純にして　大ならむとす
　　　　　　　　　　　　（高村光太郎）

以上、新型爆弾長崎落下の報を聞いて。

天皇がラジオで終戦の詔勅を放送されたのは、その四日後の八月十五日の昼だった。いよいよ本土決戦だ、一億玉砕の時だ、と多くの者が思ったが、詔勅は意外にも終戦を告げるものだった。皇居前広場で涙を流して平伏する人々の報道写真が流れた。最近「あれは作りもので誇張だ」という声があると聞くが、決してそうではない。私を含め、全国で多くの日本人が、敗戦の責任は自分にもあると思い、涙を流し、再起を誓ったのだった。

阿南陸軍大臣は「一死以テ大罪ヲ謝シ奉ル」という遺書を残して十五日早朝、切腹自刃したが、他方「終戦の放送は敵の謀略である」として徹底抗戦を呼びかける者たちもいた。私が長崎へ帰ることが遅れた第二の理由は、『少年たちの戦争』に記したように、戦争の継続を主張する尊皇義勇隊に参加した五高生を説得しようと、拠点となった藤崎宮を訪ねたりしたためである。日本と連合国との軍事力の差は圧倒的で、国内の大都市は焦土と化しており、聖徳太子の「詔《みことのり》を承けては、必ず慎め」という言葉も伝わって、結局決起は見送られ、義勇隊は解散した。降伏に反対する動きは日本の随所であったに違いないが、終戦の詔書が沈静化に与えた影響は絶大だったと思う。

私の長崎入りがさらに何日か遅れたのは、占領米軍が上陸すれば、略奪暴行が横行するに違いないから、婦女子は退避せよ、という報せが長崎でしきりに飛び交い、家族が熊本へ一時避難してきたためである。そのため私も食料の買出しに田舎の農家を訪ねたりした。だから私の長崎入

爆心地で肉身の屍体を焼く家族。1945年９月、長崎市浦上町（撮影：松本栄一）

りは、八月であることは確かだが、何日だったかはっきりしない。茫然自失というか、無我夢中というか、さまざまな光景が錯綜して、時間の記憶が定かでない。

長崎では、死体はかなり片付けられていたが、それでもまだあちこちで死体を焼く煙が上がり、救護所は怪我人でいっぱいだった。電信柱の焼け残りかと思った棒杭に足が触れると、サラッと崩れて、それが人だったりした。食料店をやっていた警防団員が、黒焦げになった牛を引きずってきて、肉を切って通行人に分けた。「食べると危ない」という者もいたが、食べた者が多く、私も陰惨な気持ちでその肉を食べた。夜になると、馬車が死体を集めにきた。被爆後、何日もしてから息を引き取る者が少なくなかったが、馬車に抛り込まれた遺体は、車の底板に頭をぶつけて、「ゴトリ、ゴトリ」と音を立てた。町を歩くと、一面の焦土だが、あちこちに焼け残った白い土蔵か倉庫らしいものが見えた。夜になるとその白い壁面に死体を焼く火が映って、ちらちらと揺れた。雨模様の真っ暗な夜、稲妻が光ることがあったが、その閃光が一瞬照らし出す荒涼たる廃墟は、異臭とともに忘れることのできぬ光景の一つとなった。

私は、日記帖を身近に置いていた。表紙には、「われら遂に敗れたり」と大書している。この時期の日記はほとんど長崎へ帰る前に熊本で書いたものである。たとえば八月十一日には、前述したように、黄色く変色した朝日新聞の切り抜きが貼ってある。ソ連の大軍が満州国境を越えて攻撃を開始してきた記事や、阿南陸軍大臣の写真と並んで「大臣布告」などの切り抜きである。

戦争末期の私たちには、テレビやインターネットなどは想像さえできぬ時代で、ラジオはあっても携帯ラジオは無かったから、情報源と言えば一日二ページの新聞だけと言ってよかった。新聞は戦争末期にも毎日欠かさず届いていたが、原爆の記事はほとんど無かった。六日の広島原爆については、十日の朝日新聞が「新型爆弾に勝つ途《みち》。屋外防空壕に入れ」という記事と、「閃光《せんこう》、熱い痛い感じ、地下生活に徹せよ」という記事を小さく載せているだけだったし、九日の長崎原爆については、八月十二日になって、「九日午前十一時頃長崎市に新型爆弾。詳細目下調査中」とわずかに五行だけだった。情報を隠したというよりも、誰にも把握できなかったのだと思う。新型爆弾の正体が原爆と報道されたのは終戦後の十六日の新聞で、それがウランの原子核分裂によるもので、米国はそれを真珠湾攻撃以前に準備していた、と簡単に報じていた。

最近図書館で当時の朝日新聞を調べてみたが、終戦の前々日の八月十三日の新聞には、消防官募集や、株主総会の案内なども載っている。十四日には戦時債券の当たりくじ番号表が載っていた。しかし八月十五日の新聞には、クスリなどの広告も載ってはいたが、終戦の詔勅の全文とポツダム宣言の全文が掲載され、トップの見出しは、「戦争終結の大詔渙発さる」だった。私の十六日の日記には終戦の詔勅の言葉を新聞から引用しているので、十六日の夜までには詔勅の全文を読んでいたことになる。そしてそのあと、日記帖はほぼブランクで、次は九月八日から始まっている。それを書いたのは、長崎の半壊した自宅でだった。

九月八日　「われら遂に敗れたり」

外国人特派員の報道によると、九月二日午前九時十五分、戦艦ミズリー号で元帥マッカーサーは調印行事の終了を宣言し、調印式が終わった。降伏文書正文一通を手交された重光、梅津の日本全権は直ちに退艦した。折からミズリー号の上空を爆音を轟かせて九機編隊のB29が通り過ぎ、続いて数百機の大編隊が天日を覆って飛翔した。東京湾上に米国軍楽隊の吹奏が狂おしいまでに米軍の軍楽を演奏し、九十二年前に浦賀に来航したペルリ提督が掲げた米国旗がミズリー号の砲塔に取りつけられ、古びた姿で翻っていたと言う。

日本は敗れた。三千年の不敗の歴史に敗北の烙印が押され、事実上、独立国としての面目を失った。皇軍は完全に武装を解除され、その姿を消した。あらゆる兵器廠は破壊され、重工業は撤廃される。五十万におよぶ米国軍は日本本土に進駐し、今後数年間は保障占領が行われる。日本人は国内においてすら自由に振る舞うことを許されない。

日本は敗れた。かって幾十万の将兵が血を流すことによって領有した台湾、樺太、千島列島、琉球列島、澎湖諸島、南洋群島、小笠原、硫黄列島はすべて、かっての敵国の領有と化し、共存共栄の理想のもとに為された朝鮮併合、満州独立の大努力も水泡に帰した。戦時中に新しく建設された盟友の中国政府、安南帝国、フィリピン国、ビルマ国、タイ国の独立の先行きは不明だし、マレー、ジャワ、スマトラ、ボルネオなど、南太平洋の皇軍占領地の悉くが敵手に渡った。三千年来の民族発展の努力と血汐の結晶は一朝にして画餅に帰した。然り、日本は敗れたるが故に。


マッカーサーは、ＧＨＱ（連合国軍総司令部）を東京に置き、開戦時に日本の首相だった東条英機ら三十九名の逮捕を指令するなど、矢継ぎ早に占領政策を実行していった。

終戦の日からちょうど一カ月たった九月十五日は、私の満十八歳の誕生日だった。長崎の自宅はまだガラス片、木片が畳の上に散乱していたが、五人の家族がやっと横になれるくらいには片付き、妹の素子の顔の傷も、母の背中の傷も、だいぶ良くなっていた。この日の日記。

九月十五日　「今次大戦の意義」

日独伊の三国を枢軸とする諸国と、米英仏露支の五国を主体とする連合国との闘いにおいて、枢軸国が敗れ、連合国が勝利した、というのが今次大戦の客観的な結論である。これを枢軸国の立場からみれば、人口にくらべ資源に乏しい後発国が、圧迫を加える諸大国に対し、新秩序による自活圏を確立しようとした自存のための戦いであり、力尽きて敗れたということになる。一方連合国に言わせると、日独伊の枢軸国は帝国主義的、侵略的好戦国であり、今次大戦は連合国にとり祖国防衛の戦争であり、また恒久的世界平和を確立する戦いで、遂にそれに勝った、ということであろう。この双方の言い分は完全に矛盾しており、どちらの言い分が正しいかは、歴史の判断が必要であろう。

しかし総合戦力においては、科学技術だけを考えてみても、原爆や、B29や、電波兵器などの彼我の差は大きく、火炎放射器、自動小銃、上陸用舟艇、ペニシリンなどの医薬品に至るまで、日本の特攻機や三八式歩兵銃では歯が立たなかった。そうした総合戦力の大差を国民の目から覆い隠し、実体に乏しい理想だけで国民を引っ張ろうとした戦争指導者の責任は大きい。

（中略）

私は支那国（中国）に対しては、率直に日本の非を認めたい。支那の国土で十年以上の間行われた戦争が、もし日本の国内で行われたとしたら、どうであったろう。その悲惨な戦禍の状況は想像を絶する。支那国は未来永劫、日本人を許さないのではないか。しかし亜細亜人の亜細亜は、日本と支那の協力あってこそ、可能だと思う。米国を加えて、日米支三国の理解と協力とは、必ずや太平洋の平和を維持するに足りるであろう。かくてこそ、膨大な人間の血汐と、莫大な物資の犠牲を払った、今次大戦の意義があると思う。

(2) 敗戦の秋

秋に入り、終戦以来閉鎖されていた学校が開校となった。それが九月何日だったか、これも記憶が定かでないが、五高から開校の通知が来て、私は九月二十二日に長崎を発ち熊本へ向った。前著『少年たちの戦争』の主人公の一人、田吉正英（小・中学校時代の友人）は長崎医専の教室で原爆死し、遺骨すら見出されなかった。生き残った私は五高の理科乙類（医系）、相川は理科甲類（理工系）、弟の恂は文科で、そろって熊本へ向かったが、相川と恂は戦禍を免れた五高の寮に戻り、私は戦争中に引き続き、坪井町東浄行寺にある寺中さんの家に下宿させてもらった。寺中さんの奥さんは私の祖母が舎監をしていた大江高等女学校の卒業生ということで、保証人である古田正雄先生（細川家の茶の師匠、古田織部の子孫。大江高女の教師でもあった）から紹介されたのだった。その寺中さんの家は、空襲は免れたものの、家屋疎開（焼夷弾爆撃による火事の延焼を防ぎ、消火や移動を便利にするため、計画的に家屋を取り壊すこと）のために、その年の初夏、終戦間際になって消防隊の手で家の半分が取り壊され、無惨な格好をしていた。

五高の教室は戦火を免れたので、やがて授業が粛々と始まった。しかし複雑な思いの新学期だった。或る老教授は、米軍が進駐してくると自分の講義ができなくなるであろうと、天孫降臨や天の岩戸などの日本神話の集中講義をした。その神話のほとんどは、中学以来何度も聞いたものだったが、敗戦の今となっては違和感があった。

一方、或る教授は、夏前まで難しい顔でカントやヘーゲルなどのドイツ哲学の講義をしていた人だが、新学期には満面笑みを浮かべて「アメリカのジョン・デューイ先生はこう言っている」といち早くプラグマティズムの講義を始めた。私はそうした安易な（と思えたのだが）価値観の転換にはむしろ嫌悪感を覚えた。

全国的に英会話熱が驚くほど拡がり、終戦一カ月後の新聞は、『日米会話手帳』が、何と三百六十万部も売れたと報じた。学校の中でも英会話熱が盛んになったが、私は反撥し、英会話などするものか、と思った。結果的にはそれで一生損をすることになったが。

八月二十日以降、灯火管制が解除されて、夜は電灯の覆いが除かれ、警報に怯えることなく本が読めるようになった。それには言い知れぬ幸福感があったが、しかし一方では、戦争末期の命がけの緊迫した日々の悲壮感が、或る種の懐かしさをもって想起されてもいた。

十月六日

わずか二、三カ月前、毎日、毎日の瞬間が、生命を削るような心労と危険に満ちていたあの頃。夜となく、昼となく、ただ思いつめ、必死で動き回っていたあの頃を想い出す。

尊皇絶対の思想のもとに、生もなく、死もなく、ただ大君にすべてを捧げまつろうと、自分を励ましつつ、しかも心の何処かに寂しさがあるのを悲しんでいたあの頃。驚異的な敵の軍事力の暴威の下で、それでも思索し、思惟し、希望を失わなかったあの頃。

それは余りにもか弱い、小さな、そして不充分な日々ではあった。しかしながら、それはまた、一個の人間の余りにも真実な、精いっぱいの日々だった、と思う。

戦争は終わった。極度の緊張と、そして茫然自失。そして我に還った時、私は其処に悠然とした自然と、その一部としての自分を見た。時は秋であった。高い青空に聳える武夫原《ぶふげん》の松の樹の間に、私は赤煉瓦の校舎を見て、しみじみと嬉しかった。

一個の人間の複雑な心は、ここでもまた、複雑な転換をし、また転換しつつある。今でも私は、私自身の心が、どうしてこのように転換をするのか不思議に感じる。私はその転換が進展であったとは言い切れない。またその転換が立派であったとも思わない。しかしながら、それはまた一個の人間の、赤裸々な真実なのである。

国内では、十月四日、ＧＨＱは日本政府に対し、天皇に関する自由討議、政治犯釈放、思想警察全廃、等を指令した。その翌日、終戦処理内閣とされた東久邇宮《ひがしくにのみや》内閣が総辞職し、新しく幣原《しではら》喜重郎《きじゅうろう》内閣が誕生した。ＧＨＱは、新内閣に、「婦人解放、労働組合奨励、学校教育民主化、秘密審問司法制度撤廃、経済機構民主化」の五大改革を要求した。この五項目の要求に基づいて、全面的改革が異例のスピードで遂行された。

治安維持法が破棄され、軍国主義者は公職から追放された。幣原内閣の現職五閣僚も追放となって、内閣は改造に追いやられた。財閥解体も始まり、他方、網走《あばしり》の刑務所に十八年間も収監されていた徳田球一らの政治犯が次々に釈放された。

教育面では、教科書から戦時教材を削除するため、文部省は従来の国定教科書の不都合部分を黒い墨で塗りつぶすことを命じ、小学生はいわゆる「黒ぬり教科書」で授業を受けることとなった。一ページ全部が真っ黒というページもあった。また軍国主義的教育者と認定された教員は教壇から追放された。

一方、婦人参政権が認められ、女子にも大学入学資格が与えられ、女性解放の大きな一歩が踏み出された。また労働組合法が公布されて団結権や団体交渉権が保証された。このため、全日本海員組合や全日本教員組合などが続々と結成され、戦後結成された組合数は五百九組合、組織化された組合員数は三十八万余、組織率は四・一パーセントと報道された。理研や京大のサイクロトロンの破壊が命じられたのも年内である。他方GHQは、この流れに逆行する動きに対し、新聞検閲をはじめ厳重な制限を加え、取り締まりを行った。

国外の出来事に関しては、敗戦後の私たちの関心は薄かったが、九月にベトナム民主共和国が独立を宣言し、朝鮮の三十八度線を境に南北分断が固定化し、十月二十四日には国際連合（以下、国連）が発足した。

（3）国全体の飢餓

食糧不足は、時日とともに深刻さを増した。戦時中は、主食の統制が厳しく、配給網も整備されていたので、終戦までは何とか米二合一勺という最低限が、それも大豆や小麦粉やさつま芋に換算されながらも確保されていた。しかし敗戦で配給制が崩れ、しかも数百万の引き揚げ者が帰国合流し、少なからぬ数の者が路頭に迷うようになったから、戦後は、戦時中をはるかに越える飢餓状態に陥った。

郊外の農家に麦や芋を買い出しに陸続と出かける母親たちは、法律違反の監視網に引っ掛かり、物々交換でやっと買い求めた食糧も警察に没収された。一方、その筋の役人にうまくワタリを付けた闇商人は、役所の出荷証明書などを手に入れて、公然と莫大な利益を挙げていた。闇市場には食料品がいくらでもあったが、一カ月分の給料が一日で無くなるような値段だった。

年が明けて、四月十七日の宮城前メーデーには三十万人、また五月一日の第十七回メーデーには五十万人、翌日の全国メーデーには百万人が参加したと報じられ、報道写真には「働けるだけ、喰わせろ」というプラカードが大写されて、民衆の切実な要求を表現した。五月二十日の新聞は「飢える帝都に食糧メーデー。二十五万大衆、街頭を行進」と速報した。絶対量の不足というだけでなく、飢えの不平等に対する不満も大きく、都会と農村の間にも格差があった。新聞は「食生活は段違い。着物も現金も、村へ、村へ、農村に食われる都会」という見出しでそれを報じた。五月に吉田茂内閣が発足し、米国からの食糧輸入船と良心的な農家の供出のおかげで、十一月には主食の配給が一日に二合五勺に増配されたが、配給ルートから外れて「横流し」される食糧も多く、石炭不足もあって私たちは寒い冬を過ごした。

食糧不足の影響は、子供の体位にも現れた。五月二十三日の新聞によると、子供の体重は小学校一年から六年までの平均で、八年前とくらべ平均四百グラム減少し、中学二、三年では三・二キロの減少となった。身長も平均で男児は二・八センチ、女児は約三センチ低くなり、六年女児だけとると四・四センチも低くなった。特に農村にくらべ都市ではその差が大きかった。新聞の見出しは「ぐっと落ちた体位――戦争に蝕まれた子供ら」であった。

食糧不足だけが原因ではないが、発疹チブスが流行した。三月には東京だけで三百人、全国で八百人の患者が出て、シラミ駆除のためにＤＤＴ撒布隊が出動、子供たちの頭は、或る時期、噴霧で白くなった。風呂を沸かす燃料不足のため、私はしばしば街の銭湯の世話になったが、その脱衣棚にもＤＤＴが真っ白に撒かれていた。結核の治療薬が皆無の上の食糧難で、結核の死亡率もかつて無いほどに上昇し、一九四五年度の結核死は約二十万人と報じられた。

出産も大きく減少した。戦時中の出産数は軍事機密だったが、五月二十八日の報道によると、一九四四年秋以後の出生率は戦前の三分の二、年百五十万人に減少し、死亡率は逆に三分の一増加して年百五十万人となり、このままでは二十年経たずに日本の総人口は五千万人に減ると予想された。なお一九四五年中の空襲による国内での死亡者は二百万人を越えると推定されている。

翌年も食糧不足は続き、主食の遅配は全国平均で二十日にも達した。カネが無いから買えない人だけでなく、倫理的に敢えて違法な闇物資を口にしなかった人もいた。裁判官や大学教授の餓死者が出たことを新聞は報じた。或る日の日記に私はこう記している。

真面目な人ほど損をしている。今、生きている人は、悪い人達です！　という声を聞く思いがする。天皇制の崩壊と共に、道徳もまた土煙を挙げて崩壊してしまったようだ。そして知識階級は、戦争中に無力であったように、ここでも無力である。反省することができる者は、ここでは脱落者なのだ。

終戦の年の九月に入っても原爆死した者を焼く煙は続いていたが、我が家でも夏の間中、爆心地で働いた父が倒れた。家の階段を上るのも苦しそうだったが、それでも毎日、病院に学生を見舞い、破壊された学校での作業に出かけた。自分のため注射一本してもらうにも、臨時市民病院となった小学校まで徒歩で二時間かかり、そこでも二時間以上待たねばならなかった。市民全部が病人・怪我人だったから、仕方のないことだった。待つ間に読む文庫本（一つ星の薄い本）を持って行くのに、「何十キログラムの荷物を運ぶ様だ」と日頃無口な父が言っていたから、よほど衰弱していたのであろう。薬も食糧も無く、母は隣家からもらった柿の葉を煎じて父に飲ませた。原爆症にはそれが効くということだった。父の衰弱は、爆心地を歩き回って受けた放射線による障害に加えて、明らかに栄養失調が重なっていたと思う。父は、食料の買い出しは一切しないというほど潔癖ではなかったが、闇物資の入手は明らかに気が進まず、痩身が一層痩せ衰えていた。

県立女学校の一年生だった妹は、その冬も校舎の鉄の窓枠は曲がったまま、ガラスは破れたままだったらしいが、原爆死した教師・生徒の追悼式は「本当に長くかかった」とため息をついた。一年生三百五十人の中の百人近くが亡くなり、上級生はもっと多数が死んだということだった。

長崎では、原爆の焼け跡に今後七十年間は果実が実らないだろうと言われたが、意外に早く雑草が茂り始めていた。そして父は裏の空き地に、近所の人達と話し合って小さな菜園を作り、南瓜や胡瓜を育てた。海藻の粉や藁《わら》の粉が配給されていた頃だ。それも遅配や欠配が珍しくなかったから、南瓜《かぼちゃ》の汁に南瓜の黄色い花を浮かせたものを、しばしば主食代わりにした。あの毛羽《けば》だったほろ苦い南瓜の花弁と、萼《がく》の舌触りは永く私の記憶に残った。

妹の手記によると、「道で拾ってきた木切れをたきぎにして、ご飯代わりの南瓜とメリケン粉の団子がいくつか入った汁を作りました。私は兄達（私と恂）と、『お前の南瓜が大きい』、『お団子の数が多い』と言って、喧嘩をしては叱られました。三人兄弟の一番下、しかも女の子だった私は、いつも小さい団子で我慢して、汁でお腹を脹らませ、そっと泣いたこともありました」。

たしかに私は恂とよく兄弟喧嘩をしたが、その原因はいつも喰い物のことだったと思う。

その命綱みたいな菜園の南瓜が、しばしば盗難に遭った。

一九四六年八月十六日

今日私は、自宅の二階の窓から裏の畑を眺めていた。その時、たしかに我が家の畑から頻りに何かを盗っている人影を認めた。私は階段を駆け下りて、その人影を追った。それは女だった。彼女は南瓜を二つ抱えて逃げ出し、私はそれを追い掛けた。女は露地に逃げ込んだので、私は大声で近所の人を呼び、付近を取り囲んでもらった。そして遂に私は、縁の下に潜り込んでいたその女を見つけた。見れば若い女だった。女は暗い縁の下にうずくまって、激しく息をはずませながら、憎悪と、絶望と、哀願に充ちた赤い目で、私を睨んでいた。しかし私は躊躇《ちゅうちょ》することなく彼女を外に引き出し、そして皆で交番に突き出した。皆が腹を立てていた。

しかし間もなく私に悲哀が訪れた。彼女が養わねばならぬかも知れぬ哀れな幼児の姿も想像された。法は社会の秩序を保つために、時に無慈悲である。私は目の色を変えて女を追い掛けた自分の浅ましさを思って、情けなさに腹が立った。

(4) 小学校の同級生たち

長崎の小学校の五年、六年の時、クラスは男女あわせて五十名足らずだったが、一九四〇年に卒業して、男子は中学校、女子は女学校へと進学した。そして担任だった田中大二先生が主唱して、年に一回、クラスの同窓会誌を出すことになった。その名前が『螢雪の友』であることや、命名の由来なども、前著『少年たちの戦争』(岩波書店)に詳述したが、実際には、その原稿集めも、ガリ切りも、謄写版印刷も、全て田中先生が引き受けて下さり、終戦を挟み、終戦前後の五年間、計十年にわたって発行された。

『螢雪の友』と『桜丘』。2016年８月に「国立長崎原爆死没者追悼平和祈念館」に寄託

『螢雪の友』の第一号は一九四〇年十二月の発行である。この年は皇紀二六〇〇年に当たっていたから、少年少女たちの文章は国威発揚の意気込みに充ちており、二六〇〇年記念号の観があった。第二号は「太平洋戦争の開戦号」といった内容で、皆が意気軒昂、必勝の信念に燃えていた。しかし戦況が次第に悪化して仲間の中からも軍の学校や航空兵を志願する者が増え、クラス会誌の発行は用紙の欠乏や郵便事情の悪化もあり困難になってきた。一九四五年二月に出された第五号のときは、田中先生は召集され熊本の連隊に入隊されていたが、それでも長崎在住の女子を中心に何とか継続できた。

　一九四五年八月に戦争が終り、田中先生は九月になってやっと熊本の連隊から大村の自宅に復員された。その翌日に早速長崎を訪れて原爆の惨状を目の当りにし、教え子の田吉正英と中島禮子の非業の死を知った。二人はクラスのリーダーだったが、田吉は長崎医大付属医専の教室で、また中島は三菱兵器工場で、ともに原爆の直撃を受け、一片の遺骨すら見出だされなかった。そして先生は『螢雪の友』の名称を『桜丘』に変え、バックナンバーは通し番号で継続して出すこと、そしてその『桜丘』第六号を二人の追悼号として出すことを決意され、直ちに全員に投稿を呼びかけられた。戦争で住所不明の者も多かったが、三十八人が追悼文を寄せた。冊子は用紙難のため全部裏紙の二つ折りが使用されたので、いつもの倍の厚さとなったが、翌一九四六年二月に完成した。前著『少年たちの戦争』には、この六号の中から、亡くなった田吉と中島の母上の寄稿文、また田吉の親友だった相川賢太郎と私の追悼文を収録したので、本書では田中先生の「発行の辞」と、他の寄稿文の中から三つを載せたいと思う。

第六号発行について

田中大二

大東亜戦争は終わりを告げた。然しそれは、冷厳なる敗戦の事実においてである。我々はあらゆる部面で一大転換を余儀なくさせられ、敗戦国民の痛苦をしみじみと味あわされている。この悲惨な運命の中にも、自由にして平和な世界の胎動が見られ、明るい希望を見出だしては生きようと努めつつある。

中学一年となった『螢雪の友』の仲間。前列右端が著者。その左が爆死した田吉正英、その左が相川堅太郎。著者のうしろが田中大二先生。最後列中央が爆死した中島禮子。後列左から四番目が同じく野村淑子（本文参照）

今更過去は言うまい。我等は戦いから解放された。サイレンのおびえからのがれることができた。幾多の戦災の中にも、我らの友の多くは健在なことを発見した。生命を捨てる覚悟で征った友も無事に帰ることができた。それにしても、田吉・中島両君の死は大いなる事件である。誠に悲しい事実である。この悲喜交々のなかに、戦時中の混乱から、我々のむすびは改めて緊張することができた。平和な気持ちで相見えることができたことは同慶に堪えない。（中略）

幸いに私も無事に軍隊から戻り、皆と共に語ることが再来したことを衷心より嬉しく思う。復員の翌日早速にも長崎を訪れ、はじめて原爆地域の惨状を目のあ

長崎中学１年の著者。通学時の制服・制帽。学校外で先生に遇えば、直立不動で挙手の敬礼

たりにし、田吉・中島二友の非業の死を耳にした時は、何とも名状し難い気持ちであった。

　追悼誌の作成は、長崎在住の諸君が同音に提唱するところであった。ああ僅か六号にして、追悼誌発行になろうとは誰が予期したことであったろう。（中略）遥か遠い将来に皆が高齢となれば、追悼という事態が生じることも当然かとは考えられるが、人生無常の行路、余りにも早いことであった。実に痛ましい運命であった。

　私は復員後の最初の大仕事として、追悼号の出版に全力を尽くす覚悟で準備に着手した。（中略）一月中旬以降、本格的作業に入った。学校も開始され多忙となったが、家に帰ると鉄筆を採り、夜も書き続けた。日曜は終日頑張り通した。学校講義の合間に、給仕君の手伝いを得て刷り上げて行った。原紙が増し、印刷が進むに従い、完成の喜びにひたむきになった。一月下旬大要ができ上がったのである。

クラスメートの一人、渋江弥生（39ページ写真の田中先生のすぐ左後方）は、八月九日の朝、いつものように中島禮子と同じ電車に乗り、いつものように「元気でね」と互いに手を振って、自分は勤務先の長崎医大付属病院へ、中島は三菱造船所の工場へ向って別れた。その日の昼、落下した原爆で渋江は顔や手に傷を負ったが、命は助かった。他方、中島は焼け落ちた工場の下で、骨さえ見つからなかった。渋江の寄稿は短い。長くは書けなかったのであろう。

あの日

渋江弥生

我が国の歴史肇《はじま》って以来無かった数多い変転が一挙に断行された昭和二十年も、氷雨に濡れる戦災の街に、早や暮れようとしております。今は亡き、田吉様・中島様の御霊、何処の空に、私共のむつびを見守っておられるのでしょうか。

若い生命も、燃える希望も胸にしたまま、一瞬にして幽明の境を悲しくも異ならしめた、あの爆弾への憤怒やるかたなき熱情も、今は偉大なる科学への驚異と、平和建設への苛酷な道程とでも解するほか、この心境、落ち着くすべを知りません。

献詠　　いくさ終わりぬ

泣きなきて　大詔に伏す　御民らの　あつき心を　誰か知るらん

なつかしき　二人の友を　いまここに　祀りくだりて　吾れ涕泣す

平和への　道はひらけど　凋落の　冬枯れ寂びし　敗戦の祖国《クニ》

長中から海軍兵学校（以下、海兵）に進み、航空機搭乗員を目指した四柳《よつやなぎ》（39ページ写真の左上方のワク内）の追悼文。

追悼　　　　　　　　　　　　四柳治人

真っ先に戦死する筈であった私が、幸か不幸か今まで生き残り、級友を追悼するとは、ただ胸が一杯になるばかりです。戦争が今まで続いていたら、必ずや私も亡き数に入る一人であったでしょう。海兵に在学中は専ら航空方面に学び、十一月には卒業する筈であった私です。

私は、昭和二十年八月十五日に一度死んだと考えております。私は未だ若い。この時代に、強く正しく生き抜く勇気と信念は、兵学校の二年間に体得したので、近く補習教育を受けて改めて大学に進みたいと思います。田吉・中島両君の意を体して頑張りたいと思います。

長中四年から海軍飛行予科練習生（予科練生）になった松尾浩輔《こうすけ》（39ページ写真。前列左より三人目）も、追悼文のほかに思い出の一文を寄せた。戦局悪化に伴って航空機搭乗員が急速に不足したため、予科練生の大量養成が実施された。戦前には毎年二百人の採用だったが、一九四四年には二万人以上に膨張し、修業年限も当初は一年二カ月だったが、最後は特攻隊要員として六カ月に短縮された。戦死者数は非常に多く、予科練生を「消耗品」と呼ぶ声さえしばしば耳にした。中学時代親しかった松尾もその予科練生となり、松山海軍航空隊に配属された。私は戦後の彼についてはほとんど知らなかったが、彼は一旦は小学校の教員となり、気の毒なことに間もなく自殺してしまったらしい。彼の思い出の文には、戦後少年の虚脱感がにじんでいる。

訓練

松尾浩輔

一八〇〇人、総員整列。太いバッタ（木製の棍棒）を持った班長が現れ、気合いが抜けているとか何とか、ハッパかけて、前にささえ、あごバッタでどやされる。雨が降ろうと風が吹こうと一向おかまいなしである。こちらは朝四時半からたたき起こされ、死んだ方がましだと思う程、つらい訓練の後である。実にむげない一日だった。遂に、一人のあちらもの（狂人）も出た。突っ込んだり、ひっくり返る者もあったが、同期生からは一人の犠牲者もなかった。

しかし、もう我等には死なねばならぬ時が近まっていた。生きたいと思うのは山々だけれど、自分達さえ体当たりして、日本が攻勢に出ることができるのなら、喜んで死のうという気持ちになっていた。しかし一方、一寸の暇には「もう一度、母に会って死にたい。故郷に一寸でよいから帰って見たい。」とか、中には「じいさんになって、孫に今の話でもしてやりたい。」とか、口に出していた。

終戦を知った時の無念さ。「よし、彼奴（米兵のこと）の二、三匹、叩き殺して斬り死にしよう。」とやけくそになっていたが、今はネジが戻って、ぼさっとなってしまっている。

まだ様々の思い出話もあるが、これに止める。以上。

海軍航空兵を志願して、鹿児島海軍航空隊へ配属された清水研也は、戦後帰宅した筈だったが、『螢雪の友』への寄稿は無かった。彼自身は放心状態で書くことができなかったと聞いた。そして彼の母上が代わって田中先生へ手紙を書き、その一部が第六号に掲載された。

母の心　（部分）

清水研也の母

ただ戦争に勝つためにと、家が全焼して裸一貫になっても、涙一滴こぼさず頑張っていましたのに……。研也をはじめ三人の男の子を全部、軍人として国に捧げた時は、立派にお役に立つようにと、その生還は夢にも思っていませんでした。

研也からは半年余りも便りが途絶えていたのです。それが、九月中旬頃、転々として、北海道の端から、五日間食もなく汽車の旅を続けて、疲れ切って帰って参りました。兄も弟もそれに前後して還って参りました。

「お役に立たず済みませんでした。」とそれぞれが、しかも皆が、同じ言葉で私の前に挨拶した時、慰めの言葉も、いたわりの言葉も出ず、母らしくもなく唯泣けるばかりでした。

罹災者に冷たい枯れ嵐にも、若い血は燃えて、今は疲れもそれぞれに恢復いたしましたけれども、傷ついた心は、いつの日に癒えることでしょう。

翌年、一九四七年二月に『桜丘』第七号が発行されたが、この冊子を開いて私は、田吉と中島以外にもう一人の級友、野村淑子（39ページ写真。後列の左から四人目）が原爆死したことを知って驚いた。既に戦後一年半が過ぎていた。田中先生がその状況を記して下さった。

故野村淑子さんについて

田中大二

昭和十九年七月下旬頃から、長崎空爆は本格化し、八月一日の空襲で野村さんの寿町の家が被災半壊し、稲佐町に転宅された。其の後淑子さんは三菱兵器の勤務を休んで寿町住居の整理に当たっておられたという。

原爆の日は、父上と小学五年の弟さんと三人、稲佐の家に居られたが、閃光一閃、大爆発と同時に家は倒壊し、父上は梁の下敷きとなって即死され、弟さんの言によると、淑子さんも柱の下敷きとなり、悲鳴をあげていた。弟さんも爆風で吹き飛んだようで、負傷はしたが身体の自由はきいていた。姉さんの「助けて！　助けて‼」の叫びに、のしかかった柱を起こそうとするが、家もろとものしかかっているため、五年生くらいの小さな力では微動だもしない。表の通りに飛び出して、稲佐岳の方向へ続々と避難する人々に援助を求めたが、自分の命を助けるため懸命に走る人々は、一人も手を貸してくれる者はいなかった。

間もなく火災が発生し、身の危険は刻々に迫る。今は虫の息の姉上を助け起こそうにも、子供の力ではなす術がなかった。残念無念、いまわの極みをそのままに避難するより他はなかった。遂には、これらの倒壊した家々は、猛り狂う火焔にのまれていったのである。

弟さんの報告、ああ、悲壮なその時の情景。（中略）当時不可抗力とはいえ、こうして哀れな最後を遂げた人が幾人あったことか。ああ、その時に自分が其処にいたら、ああもしたろうに、こうもしたろうにと、今なお届かぬ思いを繰り返すのも親心である。まことに痛ましい悲しい最後であったのである。

さて、この弟さんは負傷が癒え、原子病の兆候も無く、元気を取り戻して、学校にも通って居られたのですが、春になって頭痛を訴えるようになり、遂には父上・姉上の後を追うように、帰らぬ旅立ちをされたという。原爆で吹き飛ばされた時、頭の内部に大きな衝撃を受けていたらしい――これまた実に可哀相とも気の毒なことで、原爆の残酷さをしみじみと考えさせられたことであった。

同じ第七号に、田吉の母上も「大学校舎の焼け跡に立つ」と題した詩を寄稿してくれた。その一部。

あな　いたましや落ち散れる　み仏の骨　数多《あまた》なり
ああ　うつつ世か　まぼろしか　焼けて倒れし老松よ
吾子の立ちしは何処ならむ　まろび失せしは此処なるか
ああ　知らざりし知らざりし　汝を焼ける火と知らば
母は惜しまず　命をば　捧げて抱き出しけむに
汝が着けし　布いずこ　汝が持ちしペンいずこ
母は求めて来れるよ

(5)　焼け跡に芽生える文化

焼け跡の瓦礫と、闇市の雑踏の中にも、文化らしきものが芽吹いてきた。

熊本の焼け残った映画館で、松竹大船の映画「そよかぜ」を見たのは、一九四五年の十月下旬か十一月であっただろうか。戦後最初に出来た映画だった。並木路子のリンゴの歌（サトウハチロー作詞、万城目正作曲）のメロディーが流れ、並木路子はリンゴの木の間を朗らかに歌いながら走り抜けた。しかし正直に言って私は、その余りの明るさにいくらか戸惑いに似た違和感を覚えた。
この歌のレコードがコロムビアから発売されたのは、翌一九四六年一月一日で、ＧＨＱ許可第一号のレコードだった。赤いリンゴなど、当時の私たちの食卓には並ぶことのない貴重品だった。後日、女優並木は戦争で父と次兄を失い、母を東京空襲で失ったということを聞いて、私は感動を覚えた。彼女の明るい一方に聞こえた楽しい歌は、本当はそうではなかったのだ。それは戦後のすべての者が背負った共通の宿命でもあった。

私の従兄の福永陽一郎（ピアニスト。藤原歌劇団、藤沢市民交響楽団等の指揮者）は、当時東京音楽学校（のちの東京藝術大学）の学生だったが、五高生の秋山英一（のちの韓国ロッテ副社長）のアレンジで、一九四五年十一月末に熊本でピアノ演奏会を開いた。陽一郎はこの頃、音楽学校の同期で戦死した二人の友人の名をとって、安田一宇と名乗っていたが、私も生まれて初めてのピアノリサイタルに出席し、ショパンやリストやラフマニノフの流麗な曲の演奏を感動して聞いた。その安田一宇が長崎でも一九四六年一月八日に焼け残った県立高女講堂で演奏会を開き、我が家に四泊して、毎晩あちこちの家庭で小演奏会を開いた。私は冬休み中だったので、それら全部に参加した。おそらくこれが、熊本と長崎で開かれた戦後初の生演奏の音楽会であっただろう。

五高では、戦争末期には閉鎖状態にあった学友会組織の「竜南会」が再開され、各クラスから総務が選出された。そして総務のまとめ役として文科と理科に一名の代表総務が選ばれた。文科の代表総務には長野吉彰(のちの肥後銀行頭取)が、また理科代表総務には私が選ばれた。二人は校長室に呼ばれて面談のあと、ウイスキーを振舞われた。私には生まれて初めてのウイスキーだった。

その後私たちは学友会組織の「竜南会」を文科・理科を統合した自治会組織に改組したが、私個人としては、美術部を立ち上げることに熱心だった。私は幼児期から父の勧めでプロの画家から絵を習っていて、戦時中にも五高の寮の美術展では二等、漫画展では一等に入選し、ベートーベンの大きな石膏のデスマスクなどを貰ったことがあった。戦後、一九四六年五月に同好の数名で「美術部員募集」の檄文を貼り出した。その頃私は画板を抱えて自然の中に出てゆくことが楽しく、妹への手紙に「時間と絵具と紙さえあれば、僕は絵かきさん(絵かき屋さんではありませんよ。)になってもいいと思います。」と書いたりした。戦後第一回の五高美術展は、同年十月十日から三日間、教室を三つ借りて行われた。油絵の出品は器材が無いため一点も無かった。私は一教室を

戦後初の五高の美術展（1946年）

独占する形で九枚の水彩画を出品したが、紙質も絵具も粗悪で、数年後にはどれも色褪せてしまった。

これに先立って、文科系の学生の間で「五高臥竜会」という会が誕生し、活発な活動を始めた。光安愛友（のちの沖電気副社長）や弟の徳永恂らが中心となり、「赤壁」という機関紙や、「狂思」という持ち寄り回覧文集を出し、ニーチェやマックス・ウエーバーやレーニンやダーウィンなどの読書会を活発に行っていた。理科生の私もあとから仲間に加えてもらった。戦後の思想的に空白な時代にあって、新しい人間像を見出すために皆真剣であった。やがてこの中から、共産党に入党して職業的革命家を目指す者、退学して新聞記者となる者、耽美的な小説を書き続ける者、古本屋を開いて雑誌の編集をする者、あるいは自殺してしまった者も現れた。

生活に困窮する学生のために互助組織を作ろうという動きもあった。一九四六年一月に、長野（前出）の発案で、「五高柏葉会」という会が結成され、私もその委員となった。この会は、既に東大や一高に先例があって、中学生向けに受験指導をする会だった。通信添削と、受験雑誌『武夫原』の発行と、模擬試験を実施した。通信添削の出題は主として五高教授、添削は五高学生が当たる、というのがいわば「売り」だった。このアルバイト組織も、戦後草分けの一つであったと思われる。

映画は、戦後の学生にとっては唯一の娯楽と言ってよかった。戦争中は敵国の映画として上映が禁止されていた外国映画が次々に解禁となった。一九三七年にフランスで製作された「舞踏会の手帖」や「望郷」、また一九四二年にアメリカで作られた「カサブランカ」などである。

（6）新憲法制定の頃

終戦後間もない一九四五年秋に戻るが、前述のようにＧＨＱは十月四日に日本政府に対し、天皇に関する自由討議、政治犯釈放、思想警察全廃などを指令した。その翌日、終戦処理内閣の東久邇宮内閣が総辞職し、新しく幣原喜重郎内閣が誕生したが、幣原首相は近衛文麿前国務相に命じて明治憲法の検討に着手させ、また憲法問題調査委員会（委員長・松本烝治《まつもとじょうじ》国務大臣）を設置し、憲法改正の動きが始まった。しかしテレビもインターネットも無い時代で、私たちには詳しい事情は分からなかった。

十一月に入り、日本社会党（書記長・片山哲）、日本自由党（総裁・鳩山一郎）、日本進歩党（幹事長・鶴見祐輔）が次々に結成された。二十二日には近衛が「帝国憲法改正要綱」を天皇に報告したが、その近衛は、十二月六日に、突然ＧＨＱから戦争犯罪容疑で逮捕の指令が出て、十六日に別邸で服毒自殺してしまった。私は、何がどうなっているのか、よく分からぬままに、自殺した近衛に同情したり、また彼の優柔不断の性格が過去の戦争の拡大につながったのではないか、と思ったりした。

その二日後に松本国務相が「天皇の統治権総攬《そうらん》は不変」という原則を含む憲法改正四原則を発表した。私は近衛の案が松本国務相にバトンタッチされたのだろうと思ったが、実際は両者の考えは大きく違うものであったらしい。ともあれその後、日本共産党の憲法案骨子や、森戸辰男らの憲法草案要綱の発表が相次ぎ、盛んに議論が行われたようだ。

憲法議論の焦点の一つが、「天皇制」にあることは容易に想像できた。降伏に際して日本の政府が、また国民の多くが唯一の条件として望んだことは、「国体の護持」であった。私も本気でそう思っていたが、その国体とは何か、を明確に理解していたわけではない。旧帝国憲法が示す国体とは、第一条の「大日本帝国ハ万世一系ノ天皇之ヲ統治ス」に代表されるものであったが、高校生の私のイメージでは、天皇は国民の精神的中心であって、新憲法はそのことと、民主主義、自由主義、立憲主義とを調和させた形で作られるのであろう、と漠然と期待していた。

一九四六年の元日に、思いがけなく、天皇が詔書を公布された。この詔書は一般に「天皇人間宣言」とも呼ばれたが、要点は、明治天皇の「五箇条ノ御誓文」の趣旨にのっとって平和主義に徹し、新日本の建設に邁進するように、との新年の挨拶だった。「五箇条ノ御誓文」の第一条は「広ク会議ヲ興シ万機公論ニ決スベシ」である。

この詔書の中の神格否定の部分はわずか数行で、「朕ト爾等《なんじら》国民トノ間ノ紐帯《じゅうたい》ハ終始相互ノ信頼ト敬愛トニ依リテ結バレ　単ナル神話ト伝説トニ依リテ生ゼルモノニ非ズ　天皇ヲ以テ現御神《あきつみかみ》トシ　且日本国民ヲ以テ他ノ民族ニ優越セル民族ニシテ　延《ひい》テ世界ヲ支配スベキ運命ヲ有ストノ架空ナル観念ニ基クモノニモ非ズ」であった。今の人たちには分かりにくい文章だろうが、当時の私たちには充分理解できた。天皇が現人神という考えは、戦時中、とくに戦争末期には広く国民に浸透していたが、「神」という言葉の理解は多様だったと思う。高校一年で未熟だった私も、当時の日記に、人生の価値体系として「尊皇（愛国）―道義―人倫―家族―真理―慈愛―芸術（宗教)」という順序が正しいと思うと書いており、また「天皇は単なる統治者ではなく、人格主義の見地からすれば、天皇は絶対人格と考えられる。天皇陛下は、国民全てが、否、世界人類全てが、人格主義のいう真の君主人となることを最もお喜びになるであろう。戦場で兵士は皆、『天皇陛下万歳』と叫んで息絶えるというが、それはこのような絶対人格に対する忠誠であろう。」とも記している。

しかし戦後の国民は既に、天皇が人間であることを当然と受け止めていたし、また日本民族が神から選ばれた民族として世界を支配する運命を持つ、などとはもはや考えていなかった。だから詔勅の言葉に衝撃を受けることは無かったと思うが、この詔書は、米国を始め、外国の日本観には影響したであろうし、また新憲法案の作成にも示唆を与える意義があったと思われる。

共産党の徳田球一と志賀義雄が検挙されたのは私が生まれた頃で、彼らはその後十八年間を獄中で過ごし、戦後釈放されて日本共産党を組織した。野坂参三は戦時中は中国へ逃れ、一九四六年一月に延安から帰国して日本共産党に合流した。野坂は天皇について、政治権力からは完全に引退せねばならぬが、政治と引き離された天皇を存続させるか否かは、国民の判断によるべきだ、という考えを、共産党と共同で声明した。彼の「愛される共産党」という言葉は、新聞でも大きく報道され、私たちにも明るいイメージを与えた。

一月二十一日には、自由党が「天皇ハ統治権ヲ総攬」するという条項を含む憲法改正要綱を発表した。そのあと閣議が連日開かれ、二月八日、松本国務相が憲法改正要綱を「松本試案」としてGHQへ提出した。

二月十一日という日は「紀元節（現在の建国記念日）」であるが、その翌日の新聞に東大南原繁総長の学内での式辞の要旨が伝えられた。「今日は紀元二六〇六年ではないかも知れぬ。また今日が建国の日でないかも知れぬ。しかしわれわれが問題にするのは、紀元二六〇〇年ということでもなく、また神話そのものでもない。神話や歴史の中に盛られている意識である。起て、人間性確立へ。現状に止まれば、民族滅亡しかない」。

二月十三日、GHQは八日に提出された「松本試案」に満足せず、「マ元帥草案」を逆提案した。翌日、進歩党が、また続いて社会党が憲法改正案要綱を発表したが、三月六日に政府は「主権在民、天皇象徴、戦争放棄」を軸とする憲法改正草案要綱（政府案）を国民に提示した。

このような状況の中で、一九四六年四月十日に、衆議院の総選挙が行われた。戦後の最初の総選挙だった。私はまだ選挙権を持たなかったが、その日の朝日新聞のトップの見出しには、「きょうだ！　さあ行こう投票所へ。『民主革命』の出発点。生かせ、この一票。世界の眼、結果を見守る。男も女も挙って投票」という大きな文字が躍った。十四日の新聞は四ページに増ページされ、投票結果が発表された。自由党百四十一、進歩党九十四、社会党九十三、協同党十四、共産党五などであったが、注目されたのは、史上初の女性議員が三十九名も当選したことであった。私も女性の進出に驚きながら、歓迎すべきことだと受け止めた。

四月十七日に政府は、「ひらがな、口語体」の憲法草案正文を発表した。今なら当然の文体だが、当時としては画期的なもので、私たちは驚きの目で、ぐっと読みやすくなったこの草案を読んだ。幣原内閣は総辞職し、一カ月の空白ののち、第一次吉田茂内閣が誕生した。そして憲法草案は一九四六年六月二十五日に衆議院に提案され、衆議院、貴族院で一部修正されたのち承認され、十月七日に日本国憲法として成立した。

十月八日の朝日新聞は、この日も四ページ版となり、新憲法の全文と解説が掲載された。トップの大見出しは「民主憲法成立す」であり、芦田均と安倍能成の解説が載っていた。その内容は「この憲法は、一貫して新世界観で書かれており、平和追求の情熱が盛られている」といったものだったと思う。解説の方の見出しは、「厳粛な国家的宣誓。唯一の進路を明示。世界嚆矢《こうし》の戦争否定。『国連』の精神を具現」などだった。

この憲法については、ＧＨＱから押し付けられた憲法だ、という批判がある。事実、占領政策の基本は、日本が再び戦力を持って連合軍に歯向かい、他国を侵略することがないよう、徹底的にその可能性を除去することにあった。その方向は全連合国に共通で、当然それが新憲法にも反映されたと思うが、日本の国民の大多数はこれを米国の押しつけと受け止めるよりも、驚きながらも喝采《かっさい》して歓迎した。これからの日本は、軍事大国を目指すのではなく、文化国家、平和国家として生きてゆくのだ、という喜びと、希望と、決意があった。象徴天皇という考え方も、少なくとも私には違和感は無く、むしろ適切な表現と思えた。そしてその後七十年、天皇ご自身の大変な尽力もあって、国民統合の象徴という条文は完全に国民の間に定着しているように見える。しかしこの米国主導の占領政策の方は、その後連合国間の対立によって、一転して日本を反共の防波堤とし、軍備強化をするべきだという方向に変わり、やがて憲法改正の動きが出てくることになるが、それについては後述する。

新憲法の制定について、私自身の日記帖は多くのページを割いていない。関心は大いにあったと思うが、十八歳となった私の日記のほとんどが、自分の内面についての反省や自己批判、それに本の読後感想で埋まっている。しかし政治や社会について感想を記したページもあり、一九四六年の日記から二、三、拾ってみよう。

（一九四六年）三月一日

新聞に、戦災国民に直々に言葉をおかけになる天皇陛下と、歓呼、熱狂して奉迎する皇居前の群衆の記事を見て、『国民統合の象徴』という憲法の条文と合わせて、私は嬉し涙が出た。私は旧い人間だろうか。国際連合の記事も載っている。自分自身の生命を保つことだけに苦しみもがいている日本と、その同じ地球上に着々と偉大な平和を建設しつつある将来性豊かな国家とを比較して、感慨に堪えない。一日も早く日本が、共に世界国家の一員として文化に寄与したいものだと思う。しかしながら、世界連邦の前途には幾多の難関が横たわっている。ソ連と米国とは、根本的に相容れぬかも知れぬ。おそらくは此の世から戦争を絶滅することはできないだろう。日本は支那を理解し、支那と提携しなければ駄目であろう。日本の前途には賢明さが求められる。

三月十六日　（鳩山一郎の演説を聞く）

自由党の鳩山一郎氏の演説を聴く。さすが総裁だけあって、なかなか貫禄もあり、魅力もある。弁舌も立つし、論理も通っている。然しながら、凄まじい気迫を欠くのは、党是としての『保守・穏健・中正』を標榜する氏としては止むを得ぬであろう。真の自由主義を『自己の人格の尊厳の自覚と他の人格の尊重にある』と定義し、また真の民主政治を『個人の努力の範囲を拡大する政治』と啓蒙したのには、一応共鳴した。然しながら、この超難関を乗り越えるためには、吾々はもう少し具体的な構想を聞きたいと思った。もとより現時局下で、そうやたらに具体的構想はあり得ないことも理解できるが、理想主義政党の長所と短所を見たように思った。

八月十六日

終戦からまる一年が過ぎた。全ての日本人がそうだとは思わない。しかし大部分の日本人は終戦とともに心の拠り所を失った。道徳の規準、行動の原理を失ったのだ。

古い時代から日本人の道徳観の最高所に天皇への忠誠という考え方が根を下ろしていた。終戦の際、生命の危険から逃れた安堵感があったにも拘わらず、大多数の日本人が泣き伏したという事実は、全力を尽くして敗れたことへの口惜しさもあったが、天皇に申し訳ないと考えたからである。考えざるを得なかったから、というべきかも知れない。天皇は現世の権力者であるだけでなく、精神的にも最大の権力を持ち、道徳そのもの、さらには超道徳的な存在とまでなっていた。だから極論すれば、天皇のために生命を捨てさえするなら、たとえ道徳・倫理を無視し、社会・家庭を毒しようと、よき日本人として通用しがちであった。この思想は知識層にも広く流れていたが、敗戦によって、柱を取り外した三角テントのように潰れてしまい、依存と服従に馴らされていた国民には、焦燥と虚脱と空白の時間がやってきた。

私もそうでなかったとは言い切れない。終戦以来一年の私の歴史は、新しい権威と方向の再発見の努力の歴史であったと思う。そしてそれは、なお未だに続いている。終戦があって言論の自由が許されなかったならば、私の単純で純粋な天皇信仰はそのまま続いていたかも知れない。

「真理への道は、誤謬の谷を通っている」。馬を崋山の陽に解いてから一年、この一年の歴史は、失われた権威と方向を発見するための過程であった。私は典型的な日本人として、日本史の一年の縮図を生活したような気がする。

されど、次の一年に向かって、汝、誠実であれよ。汝、その理性を磨ぎ澄ましてあれよ。

第二章　冷戦の狭間で

（一九四六年〜一九五五年）

（一）「鉄のカーテン」と「防壁日本」（一九四六〜四八年）

一九四六年三月に、英国のチャーチル首相が演説の中で、ヨーロッパとソ連圏の間の壁を「鉄のカーテン」と表現した。米英ソの三大国は、一年前までドイツと日本を相手に協力して戦った同盟国だったが、ドイツと日本が敗れて姿を消すと、随所で摩擦を起こした。チャーチルに続いて米国の国務長官が中ソに対し、「満州の門戸を開け。マ元帥の権限は満州を包含する」と発言し、チャーチルも再び「国際連合は武装せよ」と警告した。ソ連のスターリン首相は直ちに「対ソ戦争の挑発である」と猛反撥した。

一九四七年三月のトルーマン・ドクトリンは、ギリシャとトルコへの軍事援助の発表だが、これは米国が伝統的なモンロー孤立主義を転換して、ヨーロッパ等にも介入し共産圏を封じ込めるという歴史的演説だった。六月に米国のマーシャル国務長官は欧州復興援助計画（いわゆるマーシャルプラン）を発表し、ソ連はこれに対抗してソ連圏の経済相互援助組織（いわゆるモロトフプラン）を提唱した。九月には欧州の主要共産党の会議が開かれ、コミンフォルムが結成された。この組織は前身のコミンテルンが労働者の統一戦線を目指したのと異なり、各国共産党の情報交換や活動の調整を目的とする組織であった。

中国では、一九四六年一月に国民党の蔣介石主席が旧敵日本に対し「暴に代えるに寛容をもってする」というメッセージを披歴し、私はそれを東洋の君子の発言と感心して受け止めた。その蔣介石は五月に重慶から南京に遷都し、さらに共産党が支配する北部解放区への攻撃を開始し、一九四七年三月には中国共産党の拠点の延安を占拠した。しかし七月に入って中共軍は反攻に転じ、国共内戦が本格化して、蔣介石軍は敗退を続けた。

朝鮮半島では、終戦直後の九月、三十八度線以南を米軍が、以北をソ連軍が支配するという南北分断状態となり、三年後の八月には大韓民国と朝鮮民主主義人民共和国が相次いで成立した。このほかアジアでは、一九四六年にフィリピン共和国が独立し、フランス軍とベトナム軍の間で戦争が始まり、一九四七年六月にはインドネシアのオランダからの独立戦争が始まるなど、太平洋戦争の余波とも言えるアジアの民族独立戦争が続いた。しかしそれらも含めて世界中が、米ソ二大国の冷戦の狭間を歩む状況となっていった。

こうした世界の激動の中で日本では、マ元帥の威令が強力に支配していたから、「冷戦」の影響は直接的には目立たなかった。食糧不足は極限に達したが、日本農民組合、総同盟、全官公庁労組共闘委員会などが相次いで結成され、一方、経済同友会、経団連、日本商工会議所などの経営側の組織化も進んだ。

一九四六年一月に、『世界』、『展望』、『人間』、『中央公論』、『改造』等が、創刊・復刊された。その頃私たちの主要な情報源は一日二頁の新聞だけだったから、情報に飢えていた私たちはこうした雑誌をむさぼり読んだ。太宰治や椎名麟三の小説やニーチェや西田幾多郎の哲学書などが人気だった。

二月に預貯金が封鎖されたことも、大きな事件だった。「封鎖」といっても、現在ではイメージできない人が多いであろう。インフレが嵩じて幣原内閣が新円への切り替えを実施したのだ。同時に全ての預金が封鎖され、封鎖預金からの新円での引き出し可能額は、世帯主が月三百円（四月からは百円）、世帯員は月に一人百円に制限された。月給は五百円までが新円であとは使用できなかった。学校の授業料は旧円で納めることができたが、生活費は新円しか使えなかったから、私たちカネを持たない者にも大変なことだった。

農地改革も大きい問題だった。一九四六年一月末頃、新聞は農地解放の規模が全国で九十五万町歩と報じた。農地に居住していない「不在地主」は土地を没収されるというので、該当者には衝撃的だった。私の下宿の主人の寺中さんは、慶応の理財科を出て、戦後は熊本営林局の会計課長だったが、天草に大きな田地を持っていたので、ずいぶん迷った挙句、結局、現職を捨てて天草へ戻って行った。私は、やかまし屋だった寺中さんの寂しそうな背中を、気の毒な思いで見送った。奥さんは二人の息子の学校の都合で熊本に残ったから、私の日常生活に変わりはなかった。

一九四七年一月一日に、吉田首相はラジオで年頭の辞を述べ、日本の経済危機の現状を憂いつつ、一部労働運動指導者を「不逞の輩《やから》」と決めつけた。その言葉は労働者の怒りを買い、全官公労組は二月一日にゼネストを行うと宣言した。この労組は全国の鉄道、電信、電話、郵便、学校関係を含む二百六十万の組合員を擁しており、ゼネストには大きな混乱が予想され、国内は騒然とした空気に包まれ、その熱気は、一月末にはピークに達した。

スト前日の三十一日午後四時、マ元帥はスト中止を命令し、伊井弥四郎全官公労議長は強制連行されてNHKラジオの前でスト中止を放送した。今ならテレビで生中継という場面だろう。私たちはこれをラジオで聞き、後日ニュース映画で見た。午後九時過ぎ、伊井は無念の表情で、涙ながらにスト中止を訴えた。「実に、実に断腸の思いで中止を語ることを全国の公務員諸君に了解を願います。敗戦後の日本は連合国から多くの物的援助を受けていることは、日本の労働者として感謝しています。命令では遺憾ながらやむを得ません。一歩後退、二歩前進しよう」と。

こうしてゼネストは中止されたが、この年間を通して労働組合の結成は相次ぎ、私鉄総連、電産、国労、日教組、自治労連、全石炭等が誕生した。

このあと、マ元帥の指示により、衆議院が解散し、最後の「帝国議会」は幕を下ろした。そして四月下旬に戦後第一回の参議院と衆議院の選挙が相次いで行われ、また戦時中に活動した町内会、部落会、隣組が廃止となり、第一回の県知事や市町村長の選挙も行われた。参議院と衆議院の選挙の結果は、どちらも社会党が第一党となり、六月一日、片山哲内閣が発足した。

このほか一九四七年には、六・三制が実施され、新制中学が誕生した。また教育基本法、学校教育法、財政法、労働基準法、独占禁止法等も相次いで公布された。新憲法の施行は、この年の五月三日である。この時期までは日本経済を弱体化するという占領政策が続いていて、七月にはGHQの指示で三井物産と三菱商事が解体された。主食の遅配は全国平均で二十日にも達したが、紙の不足も甚《はなは》だしく、雑誌の休刊が相次いだ。十月の国勢調査での人口は、七千八百十万人余と報告された。

終戦から二年半が経ち、一九四八年、世界はいっそう激しい冷戦で幕を開けた。一月六日、米国の陸軍長官が「日本を強力な民主国家に育成して、共産主義に対する防壁とすべきだ」と語った。この考えはトルーマン大統領の一般教書でも裏付けられ、「対ソ障壁としての日本とドイツとの講和に全力を挙げる」と述べ、講和問題も冷戦の一つの道具となった。欧州では前述のマーシャルプランとモロトフプランが対立していたが、一月に英国のベヴァン外相が「ソ連との協調は断念する。ソ連の拡張政策に対抗して西欧連合を結成中である」と声明し、米、仏、伊もこれを支持した。これに対しソ連はさらに抗議と批判を連発したが、トルーマンは三月議会でソ連の行動を非難し、徴兵法と軍事訓練の承認を要請した。四月には西欧十六カ国がパリで欧州経済協力条約に調印した。

こういう状況下で、六月にソ連がベルリン封鎖に踏み切った。ベルリンは当時、ソ連が支配する東ドイツに位置し、米英軍はベルリン市の西部地区に限定して駐留していた。その西ベルリンには二百万人の居住者がいて、生活必需品の必要量は膨大なものがあり、冷戦が一触即発で熱戦へ拡大する危機的な状況となったが、連合国は必需品を空輸する方針を決定し、いわゆる「ベルリン大空輸作戦」が始まった。やがて九月には一日四千五百トンの物資を、さらに翌年一月には月間十七万トンの空輸に成功し、その結果ソ連が折れて、一九四九年五月に封鎖が解除され、世界がホッとした。其の後一九六一年に作られた「ベルリンの壁」は、東ベルリンから西ベルリンへの逃亡を防ぐためのものであった。

アジアでは、一九四八年一月にビルマが独立、二月にマラヤ連邦とセイロン自治領が発足、また前述のように八月には大韓民国（李承晩大統領）、続いて朝鮮民主主義人民共和国（金日成首相）が成立した。中国の内戦では、人民解放軍が勢いを増し、十二月には北平（北京）・天津を手中に収めた。中東では、五月にイスラエルが建国宣言をした。

このように世界が激動し、米国の対日占領政策が「非戦、中立」から「対ソ防壁の時代」へと大きく転換しつつある時に、日本の国内は政争に明け暮れているように見えた。片山哲は一九四七年五月に、新憲法によって初めて国会が指名するという形で首相となったが、当初の挙国一致内閣構想は失敗し、六月に「依り合い内閣」が発足したがその後も不安定な運営が続き、一九四八年二月に総辞職した。後継総理大臣を野党の吉田茂と、片山内閣の副総理だった芦田均が争い、僅差で芦田が首相に指名されたが、閣僚人事で難航し、しかも昭和電工事件で、半年後の十月七日に芦田内閣は総辞職した。

ドレーパー使節団が来日したのは、芦田内閣が発足した直後だった。その訪日の目的は、日本経済を弱体化するという従来の占領政策を対ソ防壁の構築へと一八〇度転換することにあった。ドレーパーは、貿易の拡大、賠償の削減、集中排除政策の撤廃、財閥解体の緩和などを提言し、また翌年、腕利きの経済再建屋のドッジを日本に送り込み、「ドッジライン」として具体化していった。

三月二十五日の新聞には、芦田首相とドレーパーとの会談が報じられた。ドレーパーは、「現存する百八の飛行機関連工場と、四十五の軍需工場を、解体しないで、今後も残存させるべきだ」と述べた。七月、マ元帥は芦田首相に書簡を送り、国家公務員の争議は認めず、現業を官公庁から分離せよ、という勧告をし、翌日、この勧告は命令であると伝えた。政府は直ちに政令二〇一号を公布施行した。

ソ連は、日本産業を国際管理すべきだと極東委員会で新提案をしたが、九月二日の日本降伏三周年を記念してマ元帥は声明を出し、日本が既にフィリピン、韓国と共に、反共三角防壁の一支柱となったことを自賛した。集中排除法は緩和され、十二月には争議行為を禁止する改正国家公務員法が施行された。一方極東国際軍事裁判所が二十五被告に有罪判決をし、この月、東條英機ら七名の絞首刑が執行され、他方、岸信介らA級戦犯容疑者が釈放されて、この問題も新しい段階に入った。

一九四八年の国内では、このほか、四月一日に新制高校が発足し、五月に「母子手帳」の配布が始まり、六月に国会図書館が開館し、九月には主婦連と、全学連が誕生した。『暮らしの手帖』の創刊もこの月である。新聞も二ページから四ページとなる日が少しずつ増え、情報も多彩となった。たとえば、十二月の四ページ版には、「関東大学ラグビー」や、「演劇界、今年の回顧」といった記事が載った。

（2）三人の大学一年生（一九四八年）

終戦後二年半が過ぎた。一九四八年三月、相川と弟の恂と私の三人は五高を卒業し、相川は東大工学部機械科へ、恂は東大文学部哲学科へ、私は九大医学部へ進み、それぞれ東京と福岡へ向った。十二人の銀行員が毒殺された帝銀事件や、東宝争議や、美空ひばりのデビューなどが報じられていた頃だ。この三人の大学一年生は三人三様で、必ずしも典型的な学生とは言い難いが、当時の学生生活の一端を示すものとして、私たちが交わした手紙の一部を引用してみよう。

相川は、焦土の東京に下宿することなどは至難の時代で、埼玉県の蓮田の知人宅に下宿し、東北本線で片道二時間かけて通学した。彼は東大工学部での勉強に全力を集中していたが、日常生活の多忙さは、「家へ帰りついて、すぐ夕食を済ませ、半時間ばかり散歩して、四時間か五時間も勉強すると、既に一時か二時に近い。翌朝五時半の起床は涙の出るほど辛い」という私への手紙からも窺える。

晩秋になって私は相川から長い手紙を受け取った。その一部。

二学期が始まって以来、ほとんど休講さえない毎日の講義と演習に、追い抜くことは勿論、追いつくことさえ充分に出来かねて、気ばかりがあせる。何とか時間を捻出しようと数日間時計と睨み合いで統計をとって見たけれども、往復の汽車の速度が時速百五十キロにならぬ限り、あるいは地球の自転周期が三十五時間位に延びない限り、僕が齷齪《あくせく》として捻出する時間はせいぜい一時間半位に過ぎないらしい。時計台の前のベンチに腰を下ろして、昼弁当を食べつつ、力学の問題を友達といろいろ相談するのが常なのだが、どうしても解決できないときには、「大ざっぱに学ぶから、大学というんだ。放っておこう」といったような冗談で慰め合いながら、しかし皆が微かな不安と焦燥に堅苦しい苦笑をしているように見える。

この有害で不愉快な焦躁を早く除いてしまおうと明瞭な自覚の下に時を過ごしてはいるが、学校への往復の疲労のために五高時代の猛烈な決意にまで昂められないのがこの上もなく悲しい。

（中略）

数日前、大宮から東北本線の終列車で蓮田へ帰るつもりで省線電車で大宮まで来て、その汽車を待つために大宮のホームベンチに坐っていたところ、いつの間にか眠り込んで、眼の前に汽車が停まって発車したのに気がつかず、とうとう終列車に乗りおくれてしまった。そのままホームから線路におりて、東北本線の枕木を飛びつつ、三里のレールを蓮田に向かった。鉄道を頼るほかに僕は道を知らなかったのだ。退路は絶たれていた。残された道は長く淋しいけれども、全く仕方がないと思ってとぼとぼとレールを辿り始めた僕だったけれども、いつの間にか僕の心には、遠くはあるが、とにかく通じた道だという考えが強調されてきて、「残された道ではなくて与えられた道なんだ。その勇壮よ。その誇りよ。その幸福よ。」とばかりに軽やかに足を運んでいた。そして君もよく知っているだろう。斎藤茂吉の『あかあかと　一本の道とほりたり　たまきはる　我が命なりけり』という歌を大きく叫びながら、その中の諦観と、諦観を超えて鮮やかな決意をしみじみと体験したのだった。

しかしそれにしても、通り過ぎた三本の貨物列車の凄まじさ。叩きつけられた風と煙に、寒々と心も凍るようだった。

東大文学部の恂は、埼玉県栗橋町の母方の祖父母の家に寄留したが、交通費節約のため東武線で栗橋から浅草に出て、地下鉄で上野に出る、というルートで通学した。彼は五月になって有妻《ゆうひ》学舎（熊本県出身の学生のための寮）に入ることができ、長崎の両親にこう書いている。

食事は朝夕一合ずつの飯に朝は味噌汁、夜は簡単な煮魚か干し野菜くらいが付き、自分としては満足しています。昼食は学校の協同組合の食堂で外食券を登録すればまかなってくれるので、四月中の移動証明を外食券に換え、その余り二十枚ばかりを登録してやっています。舎費は現在の物価体系では月五百五十円くらい。昼は外食券一枚ずつに惣菜《そうざい》を買うと、最低十五円はかかるので、月に四百五十円、それに交通費と風呂代等、レギュラーの毎月の最低費用は千百円あれば済む訳です。一番ゲルトが要るのはテキスト、本代です。先日哲学演習のために買った本は六百円だし、その他、ヘーゲルの論理学等も相当になるので、その分だけのアルバイトは是非必要です。現在、家から送って欲しいものは、コップ、塩、靴下、カバン、マッチ、浴用石鹸、精神現象学のコメンタリー、くらいのものです。

六月十日の恂から私への手紙には、アルバイトのことが書いてあった。

夏、ビルデイングの連なる遥か彼方に東京湾の水がにぶく光って、水平線に燃え立つ入道雲の頂きから虹が大空一杯に壮麗な花を輝かせるのを眺めていると、私はこの陋劣《ろうれつ》な東京の街全体が何か無限の郷愁に疲れているような錯覚にふと陥ったりします。ポンポン蒸気船が静かに隅田川の掘割を上がって行くこの深川の広々とした工場や倉庫の間で、つるはしを振るったり、鉄筋を担いだりして、私は毎日工場で空腹の喜びを満喫しています。日給百三十円。夏休みに長崎へ帰る汽車賃が出来たら、ハイデッガーの Vom Wesen des Grundes を買うつもりです。

六月二十五日の恂から私へのはがきには、初めて学生運動のことが書かれていた。九大医学部の学生たちは未だ知らないことだったが、近く文部省が国会に提出するという「大学法案」に反対して、六月二十六日に全国百十三の大学・高専の学生が「教育復興要求スト」を行うことになっていた。

夏は大波のように東京にも迫ってきました。そして緊迫した対立と連日の学生大会のうちに、ストライキは決行され、現実そのものが如何ともしがたい entweder oder（あれか、これかの択一）を以って各自の決断を迫ってきます。……明日は全国一斉スト、だがこの熱烈な行為の中にも、何か無限の空しさが澎湃《ほうはい》と湧き上がってくる瞬間をどうすることもできない僕です。やはり僕は今度も徹底的な敗北感を以って夏休みを迎えます。

私は前著『少年たちの戦争』に記したように、高校時代に結核で一年間休学をしたが、その再発を心配する親の勧めで、福岡在住の本田時子伯母の家に寄留することとなった。伯父の本田正一は牧師で、福岡女学院の宗教主事をしており、家族は伯母と中学生の娘の忍と、小学生の息子の悳《すなお》の四人で、家屋は決して広くはなかったが、私には一室が与えられ、医学部までは市電で約一時間を必要としたものの、気がねのない生活だった。私は、五月に相川へこう書いた。

君が原爆投下直後に長崎に入り、新型爆弾の凄まじい破壊力に戦慄しつつ、八月十三日に五高の寮長宛のはがきに「これが人類自滅の凶器となるかもしれない」と書いたことを思い出す。僕も自然科学について随分考えてみたけれど、解決が着かなかった。原爆投下の四年前の七月十六日にニューメキシコの砂漠で行われた最初の原爆実験の模様を、タイムリー・ダイジェストがこう伝えている。それは、実験の天才的指導者オッペンハイマーの様子を傍で見ていた友人から直接聞いた記者が書いた記事だ。

「最後の数秒が刻まれてゆくにつれ、オッペンハイマーはいよいよ緊張した。殆ど呼吸もしていなかった。身体を支えるために、彼は柱に摑まっていた。タイムの掛りが『今だ！』と叫び、物凄い閃光が炸裂し、続いて唸るような轟音がした時、彼の顔は大きな安堵の表情で和らいだ。オッペンハイマーの脳裏には、その時、ヒンズー教の経典の『われ、世界の破壊者たる死とはなれり。』という言葉が閃いたという。」

僕は進歩（プログレス）という言葉の正確な定義を知らない。ダーウィンの進化論や、歴史や社会の弁証法的発展や、自然科学の展開などについて、それらが発展（エボリューション）として肯定できても、人類にとって進歩であるかどうかは疑わしい。オッペンハイマーはこの原爆実験の後、その結果に大きな責任を感じて、使用防止のため精いっぱいの努力をしたと聞くが、しかし科学が人類にとって「世界の破壊者たる死」にならないという保障は全く無い。最近の医学も、一体何を仕出かすのか、疑わしくもなる。いずれAという人間をBという人間に改造することが出来るようになるかも知れない。人間の主体性や個性を維持しようとする努力と並行して、この人間と乖離《かいり》した科学の歩みは、今後とも凄いスピードで進んでいくことであろう。

夏、私もアルバイトを始めた。医学系の教科書は分厚いものが多く、値段も高い。それに私は仲間たちのような角帽も学生服も持っていなかった。私は、九州製氷という会社が、夏休みの学生アルバイト用に断熱性の木箱を貸与し、アイスキャンデーの卸売りをするという情報を得て、それに応募した。そのためには自転車が不可欠なので、私は同級の緒方道彦に借用を申し出た。緒方は私より二歳年長だが、『少年たちの戦争』に記したように、終戦時、五高生だった二人は、戦争継続を主張する尊皇義勇隊の学生たちに「詔《みことのり》を承けては必ず慎め」という聖徳太子の言葉などを引用して、必死の思いで制止した仲だった。彼の叔父の緒方竹虎は終戦時の東久邇宮内閣の書記官長（いまの官房長官）で、のちに自由党総裁になった人だが、その夏には戦犯容疑者として公職を追放されていた。私が緒方に声をかけたのは彼が自宅通学で自転車を持っていたからだったが、彼は快く、無期限、無担保で愛用の自転車を貸してくれた。世間知らずの私は、「有難う」

とばかり、半月あまりその自転車をタダで酷使したのだった。

九州製氷の倉庫は、博多港の近くで下宿からかなりの距離があったが、私は毎朝早く自転車で乗り付けて、アイスキャンデーの入った箱を受け取り、自転車の後ろの荷台にくくりつけた。アイスキャンデーは卸値が一本八円（七円五十銭だったかも知れない）で前払い、それを十円で売ることができた。製氷会社は、大きな箱のほかに客寄せに使うチリンチリンと鳴る手振りの大きな鐘も貸してくれた。

私は毎日、その箱が空っぽになるまで福岡の街を走り廻った。私は福岡の街は初めてで、さっぱり見当がつかなかったから、人通りの多そうな道を走ったわけだが、今から思うと、その道には「川端通り」とか「新天町」など有名な商店街のアーケードも入っていた。そんな所でチリンチリン、「アイスキャンデー、アイスキャンデー」と連呼していたのだから赤面ものである。

天気の良い日は、箱の中のアイスキャンデーの溶け具合が気になったが、それでも熱い日照りのため比較的良く売れた。しかし雨の日は、自転車も難儀し、売れ残りも多かった。一度はくたびれて自転車を道路に倒してしまい、箱のふたが開いて、キャンデーが流れ出して泥まみれ、「泣き面に蜂」ということもあった。ラッキーだったのは、或る紡績工場の門衛さんにキャンデー一本をサービスし、昼休みに構内の庭で売らせてもらった時だった。工場からドッと出て来る女工さんたちが、争って買ってくれた。その工場には数回行ったと思う。長崎へ帰る予定の日が来てバイトを打ち切ったが、そのカネで、『戸田細菌学』という分厚い教科書と、はじめて大学の角帽を買うことができた。

秋に入って、これも遅蒔きながら私は学生運動に関わることとなった。クラスの総務委員に選出されたからだ。九大医学部の一年生は定員八十名の一クラスだけで、総務委員は立候補なしの選挙だった。私は一学期、友達付き合いもほとんどしなかったので、総務委員などとは、と懸命に辞退したが、とうとうこの年度だけという条件で引き受けた。

引き受けると、やる気になるのが私の悪癖、あるいは弱癖である。課題はいろいろあったが、この年の六月の全国ストライキに引き続き、九月十八日には全学連(全日本学生自治会総連合)が結成され、九大各学部も加盟したが、医学部は他学部とは別のキャンパスにあり、情報は少なく、当時の三年生の委員長は、軍隊から再入学した人だったが、運動会やダンスパーティに熱心で、九大自治連合などは脱退すべしという意見だった。そのため九大の他学部や、五高、福高(旧制福岡高等学校)などの自治会から攻撃されており、大学本部がある九大キャンパスには「医学部は眠っている」という大きなビラが貼り出されていた。

私は「全学連」や「大学法案」については無知だったから、まずクラス内に「大学法案調査会」を作り、GHQのCIE(民間情報教育局)の法案原文や、全学連情報などを集め、九大の医局員たちの意見も聞いた。その結果を医学部の各学年で説明して廻ったが、皆の関心も高まり、十一月には第一回医学部学生大会が開かれて学友会は解散し、自治会組織が出来あがった。その頃、臨時国会にいよいよ大学法案が上程されるというので、九大の他学部では大騒ぎになり、連日他学部の代表が医学部自治会室に来て強硬に「冬眠中の医学部」を批判し、やがて福高生や女子専門学校生を交えた数百人のデモ隊がプラカードを掲げて、医学部講堂前で気勢を上げるようになった。

十二月には、全学部合同の学生大会が工学部講堂で開かれ、約七百人の学生が集まった。医学部学生は「講義を休むわけにいかない」との理由で参加せず、私と三人の委員が代表して会場に入った。私たちは大勢の学生から矢のような罵声を浴びせられた。事態が切迫していることは理解できた。奥田総長は病気との理由で、代わりに江崎農学部長が翌日の文部省の会議に出席するため、一時間後の汽車で博多駅を出発するとのことだった。そしてそれを阻止しようという緊急動議が出され、賛成が約七百票、反対の手を挙げたのは私たち四人だけだった。私は議長から反対理由の説明を求められたので、大学当局とは提携して大学の自治を守るべきだ、などという医学部の意見を述べ、激しい野次や怒声の中で着席した。直ぐに数人の職員組合員と学生とが自動車に飛び乗って博多駅へ向ったが、江崎教授が乗った汽車は入れ違いに出発していた。

数時間の学生大会が終わり、私は疲れ果てて家路に着いた。私は結果的に学生大会の決定を遅らせ、他学部の学生たちの意図を妨げた。それは果して正しい行動だったのか。「反動」「ブルジョア陣営の手先」などの悪口は甘受できる。しかし自分でも後味の悪さが心に残り、蹌踉《そうろう》として歩いた。そして思った。今の時代、個人が冒す失敗は、そのおよぼす範囲が個人に止まらない。大げさに言うなら人は意識しないで、歴史や時代に対して罪を犯すことがあるのではないか。

「大学法案」については、その後九州でも、五高、福高、専門学校などが相継いで無期限ストを行った。そして年が明けて一月、第二回の医学部学生大会が開かれた。私は立ち上がって次のようなスピーチをした。それはその場で口を衝いて出て来たものだった。

皆さんの中には『はるかなる山河に』という東大戦没学生の手記を読まれた方が少なくないと思います。私もこの冬それを読み、涙無しに読み終えることができませんでした。私はあの戦争で生き残った者として或る種の恥ずかしさを感じました。何千何万という我々の先輩や友人たちが、学業半ばにして、遠く故郷を離れて死んでいきました。私たちは戦死こそしなかったけれども、同じ体験を味わったと思います。私たちはこの手記を読んで、改めて戦場に散った戦友たちを想い、無念の思いを禁じ得ません。

戦争の無いユートピアの世界を夢見ることは容易です。「どうせ戦争はまたあるさ」と言ってしまうことも簡単です。けれど私たちはどうしてもそう言って済ますことができない。『はるかなる山河に』の学生たちと同じように戦争の中を生きてきた私たちの唯一の経験は、心の底から「どうしても戦争は避けられないのか」と叫んでいると思います。

最近出された社会科学者たちの声明は、「今や、われわれ人間は、戦争へ導くもろもろの緊迫の原因について、これを科学的に研究し得る歴史的段階に到達した」と宣言しています。この歴史的段階の自覚から私たちも出発するべきでしょう。私たちは戦前、次々に学問の自由が圧迫され、外部権力が導入され、進歩的教授が追放されて、大学の自治が崩壊し、世は挙げて戦争へ、戦争へとなだれ込んで行った事実を忘れません。次期国会に提案されようとしている大学法案は、ひとたび成立すれば、外部資本の発言力が大きくなり、地方化の立て前のもと新制大学が乱立し、乏しい国家予算は米国流教育への移行に廻り、実利主義的な学問が尚《とうと》ばれ、基礎的学問は軽視されることになりかねません。今日本では、未だに馬小屋で勉強している小学生がおり、大学教授は其の日の暮らしにも不自由しています。民族独立とは、決して日の丸の旗を振って他民族を追い払うことではない。しかし民族の個性を失って、どうやって世界文化に寄与できるでしょうか。

私たちは終戦後、「一億総ざんげ」という言葉を聞きました。高校一年だった私も、正直、天皇陛下に済まない、と思いましたが、しかし自分が戦争犯罪者だとは実感しませんでした。しかし今、再び戦争の危機にさらされている世界で、それを黙って見て居るだけならば、それは戦争前に多くのインテリが、「戦争はいけない、いけない」と口では言いながら、実際にそれを阻止しようとしなかったことと変わりがあるでしょうか。デンマークの或る学者が、「傍観する者は共犯者だ」と言っています。大学における学問・思想・言論の自由を守ることは、戦争への道を塞ぐバリケードの一つです。私たちは沈黙することによって、第三次世界大戦への共犯者になってはならぬと思います。

ただし学問を守ろうとする我々学生は、学問の放棄、つまりストライキは極力避けるべきだと思います。だから我々は、先ずは放課後や休日に、街頭に進出すべきだと思う。総選挙が目前に迫っています。私たちはこの総選挙を通して合法的に、たとえ微力でも目的のために戦わねばなりません。ロマン・ローランは言っています。「手を組もう！　平和のロンドを！」。

医学部学生大会はこの提案を、圧倒的多数で賛成可決した。そして実際に、一月二十三日の総選挙の日まで、休日と祝日に医学部の学生の半数以上が登校し、数班に分かれて街頭に出た。折しも降り出した雪は何日も降り止まず、風がアスファルト道路を横に吹き抜け、積もった雪は再び宙に舞った。今や、正義と自由は我々の側にある、皆、昂揚した気分だった。そしてビラは次々に人々の手に渡り、雪の日に拘わらず、博多駅、吉塚駅、千代町、天神町、中洲、渡辺通りでは多くの聴衆が集まった。米軍のＭＰ（憲兵）が監視していたが、私たちはそれを無視した。

衆議院の総選挙の結果は、民自党が二百六十四名で圧倒的、共産党も三十五名と驚くほど大きく進出した。前進座の俳優たちが集団入党したのもこの頃だったと思う。文部省は全国的な反対の機運に配慮したためであろう、大臣談話の形で「大学法案」の撤回を言明した。私たちの運動はもちろんささやかで、多分に自己満足に過ぎなかったと思う。しかし一応目的は達成され、他学部には「医学部は眠っていない！」というビラが貼られ、福高や女専からは医学部自治会に闘争資金と書かれた封筒に入れてカンパが送られてきた。

総務委員としての任期が切れ、私は約束した通り自治会室を去り、再び孤独な生活に戻った。学生運動の中で忘れていた「死」の問題が、大きくのしかかってきた。家では本田の伯父と話し合うことは無かったが、牧師の伯父の本棚の本はいろいろ読んだ。新約聖書、キエルケゴール、滝沢克己、カール・バルト、赤岩栄などだった。こうして大学一年生の生活が終った。

（3）大量解雇、国鉄総裁の怪死、講和論争など　（一九四九年）

一九四九年一月三日の新聞の見出しには大きく「盛り場は人の波、陽春浮かれる晴着姿」とあった。戦後の四度目の正月で、街はにぎやかだった。

しかし、世界の緊張と動乱は続いていた。この年の一月、ソ連と東欧五カ国が経済相互援助会議（コメコン）を創設し、これに対しトルーマン大統領は低開発地域経済開発計画を提唱、四月には「北大西洋条約機構（NATO）」が発足した。

中国では人民解放軍が北平（北京）に無血入城し、破竹の勢いで南下して、四月には揚子江を強行渡河、五月下旬には上海全市を占領し、十月一日に中華人民共和国の中央人民政府（主席・毛沢東）が樹立された。人民解放軍はやがて広東、成都を占領、年末に人民政府は大陸の完全解放を宣言した。他方、蔣介石の国民党政府は追われて、十二月に台湾の台北へ移動した。

九月二十五日の新聞は、ソ連が数週間前に原爆実験をした証拠があるというトルーマンの談話を掲載した。翌日ソ連もそれを公式に認め、実は既に二年前に原爆を製造していたことも発表した。原爆はこれまで、米国の独占と考えられてきたが、それが次第に多くの国に拡散し、また水爆という一層強力な爆弾の開発競争へと踏み込むことになった。

国内の一九四九年は、華やかな正月風景とは逆に、冷戦の激化を反映して大動乱の年となった。米国の当初の占領政策は、前述したように、日本を非軍事化し、経済力も弱体化することを原則としていたが、一九四八年頃から、日本を共産陣営に対する防波堤として強化する政策に転換し、ドッジラインに沿って、五月には日本が負っている戦争賠償が免除され、賠償に予定されていた工場の撤去も中止された。「よみがえる産業界」と新聞は大きく報じた。

同じ頃、商工省が廃止され通産省が設置された。そして六月一日から行政公務員の史上最大規模の大量解雇が行われることとなった。六月一日に国鉄（日本国有鉄道）が発足したが、直ちに、第一次で三万七百人、第二次で六万三千人の人員整理計画が発表された。そしてそれに対し六月四日、日本都市交通労組と都電がストライキに入り、続いて中央線などが鉄道ストに入った。翌十一日、国電ストは重大化し、中央線、京浜線が停まり、山手線もストを決議したが、これに対し東神奈川と千葉車掌区でまず十九名が馘首《かくしゅ》された。ＧＨＱは「占領政策に違反する」という理由で国電ストの中止を命令したが、各所で実力行使が行われ、東神奈川では「人民電車」が走り、六十六人が免職となった。六月十八日に共産党書記長徳田球一が「九月までに吉田内閣を打倒する」と発言し、これが九月革命説として流布された。

その頃、ソ連に抑留されていた捕虜の将兵九万五千人の第一次引き揚げが発表され、残留者は四十万人もいるとのことであった。引き揚げ第一船の高砂丸が舞鶴へ入港したのは六月二十七日だったが、二千人の引き揚げ者は上陸に際して労働歌を高唱して気勢を挙げ、外国特派員は「昨年までの引き揚げ者にはどこか感傷的な寂しさがつきまとっていたが、今回は引き揚げ者の方から我々に『しめっぽい話をするな。我々はマルクス・レーニンの筋金入りだ』と叫んだ者もいるほどだ」と打電した。また林厚生大臣は、「引き揚げ者を迎えて、共産党は攻勢に出るだろう。八月か九月頃と予想された労働攻勢は、引き揚げ再開とからみ合せて、七月に繰り上げられる可能性が多分にある」と語った。「日本でも革命が近い」と感じる者が全国的に増加していた。福岡でも、学生に人気がある九大法文学部の某教授が、「中国の革命軍は全中国を制圧しつつある。日本の革命も近いだろう」とアジ講義をしたのもこの頃であったと思う。六月三十日、福島県平市では、掲示板撤去に反対して共産党員ら七百人が市の警察署を占拠し、各地で逮捕者が出た。

七月四日にマ元帥は、「日本を防共のための不敗の防壁とする」という声明を出し、同じ日、運輸大臣は国鉄労組に対し、第一次人員整理として九万五千名を七月中に退職させると発表し、また「必要に応じて非常事態宣言をし、スト発令者は検挙する」と通告した。京都では労組員が検挙されたことに抗議して千七百人の引き揚げ者が故郷への乗車を拒否したことが報じられ、全国各地が騒然とした空気に包まれた。

七月六日の新聞記事に、私は驚愕《きょうがく》した。下山定則国鉄総裁が、五日に登庁の途中、日本橋の三越デパートに立ち寄ったまま消息を絶ち、手掛かりがない、というのだ。そして翌日の新聞で、六日未明、総裁が常磐線下りの北千住駅と綾瀬駅の間で無残な轢断《れきだん》死体となって発見されたことが報じられた。死体は四散し、轢断した貨物列車も特定されたが、原因は不明で自殺説、他殺説が入り混じって種々の憶測が飛び交い、松本清張等は米軍による他殺説を主張したが、結局迷宮入りとなった。

十二日には予定を繰り上げて、国鉄の六万三千人の第二次整理が始まった。政府は此の日、非常事態への応急対策として二百万人の消防団員の動員を決め、国鉄当局は組合に「話し合いの余地は無い」と通告した。三日後の十五日、中央線三鷹駅で突如、無人電車が車庫から猛スピードで街へ暴走し、住宅や交番を粉砕し、死者六名、負傷者二十名を出した。八月十七日には東北本線の松川駅付近で列車が転覆した。これらの事件はそれぞれ「平事件」「下山事件」「三鷹事件」「松川事件」と呼ばれ、真相はよく分からなかったが、社会は物情騒然として、革命前夜のような空気に包まれた。

八月には、空前の大量解雇が国鉄以外にも拡大し、全逓に一万百四十五名の整理が通告され、企業民間会社等の人員整理も増加していった。労働省の概算では、毎月七万名程度が馘首され、企業の合理化が進んだとされた。デフレ傾向がこの動きに拍車をかけていた。七月には在日本朝鮮人連盟など四団体が解散を命じられ、幹部三十六名が公職追放され、十月には朝連系の朝鮮人学校が全国一斉に閉鎖された。また東京都公安条例が公布施行され、デモが役所を取り囲むことなどが禁止された。

公務員解雇問題と並行して大学問題が争点の一つとなった。六月一日には、六十九の新制国立大学が開学したが、これに先立ち文部省は、学校教育法と国立大学法人法の改正を閣議決定し、学長主導による大学改革を促すため教授会の権限を制限することとし、この法律をめぐる学生と警官隊との衝突が繰り返された。七月十九日、GHQ民間情報教育局特別顧問のイールズ博士が新潟大学の開学式で講演し、「学生ストは許されない。赤い教授は大学から追放せよ」と演説した。この演説は「レッドパージ」あるいは「イールズ声明」と呼ばれて広く大学を刺激した。八月には議会で、当時の民主自由党の田中角栄の提案で「大学の運営に関する臨時措置法（大学管理法）」が成立した。文部省としては悪評の「大学法」の出直しを計ったものだったが、警察力の学内への立ち入り等を認めるものでもあった。十月に入り、学術会議はレッドパージ反対を決議し、全国大学教授連合も反対声明を出し、また南原東大総長が、大学は学問の自由を守らねばならぬと強調した。そして翌年五月には東北大学でのイールズの講演阻止事件が起こり、同年八月には全学連の反レッドパージ闘争宣言へと繋がった。

一九四九年のもう一つの大きな問題は「講和条約」であった。年初にリー国連事務総長が「一日も早い講和を希望する」と述べ、五月にはソ連が対日講和の討議を提唱し、米英仏三国がこれを拒否した。四月四日には北大西洋条約が発効し、平時でも米国が西欧諸国の軍事同盟国となる道が開かれたが、日本についても、この月、マ元帥が日本を反共の不敗の防壁とするべきことを述べたあと、第八軍司令官がニューヨークで「日本をソ連に渡すな」と演説した。

十一月七日の新聞は「対日講和へ米国の手順きまる」という見出しで、草案がほぼ完成したこと、また講和条約とは別に軍事協定が企図されており、戦略上必要な太平洋上の島々には米兵が駐留を続けること、軍事基地協定の期限は五ないし十年とすること、講和会議は来年夏を予定すること、ソ連は会議には招くが拒否権は認めないこと等が伝えられた。

講和条約締結の相手国について、二つの選択肢をめぐり国内で熱い議論が始まった。一つの立場は、日本が戦争をしたソ連や中国を含む全ての国と同時に講和条約を結ぶべきで、軍事的には両陣営から完全中立を主張する「全面講和論」である。もう一つは、日本は自由主義・資本主義陣営に属し、米国と軍事同盟を締結して、在日米軍は引き続き駐留することを前提として、米英陣営と早期に講和をしようという「単独講和論」であった。吉田首相は十一月の国会での施政方針演説で、「米ソの一致は至難」であり、「わが国は無防備こそ安全」と述べ、さらに翌週、「単独講和でも良い、それは全面講和へ到る一つの途だ」とも語った。これに対し、南原東大総長は、ワシントンでの教育関係の会議に出席し、マ元帥に謝辞を述べると共に、全面講和の立場から日本は厳正中立を守るべきだという強い希望を表明した。この論戦はさらに熱を帯び拡大して一九五〇年に持ち越された。

このように一九四九年の日本は、大規模な人員整理をめぐる労使の凄絶《せいぜつ》な激突と、レッドパージをめぐる政府と大学の対立と、講和をめぐる両論の対立という、規模や内容は違うが、いずれも冷戦の影響を強く受けた三つの大きな対立で幕を下ろす形となった。

一九四九年にはこのほかにも記憶に残ることがいろいろとあった。たとえば次年度から年齢が数え年ではなく満年齢で数えることが決まったこと、為替レートが一ドル三百六十円に固定化されたこと、古橋広之進が千五百メートル自由型などで世界新記録を出しフジヤマのトビウオと言われたこと、湯川秀樹博士が中間子論でノーベル物理学賞を受賞したことなどだ。暗いニュースとしては、国内で未就学の児童数が増えて全国で百三十万人に達し、そのほとんどが貧困と病気のためだということ、生活難と関係がある妊娠中絶が大幅に認められたこと、天然痘患者が全国で百十七名も発生し、また日本脳炎の患者が千百人余も発生したことなどであった。

（4）人は「死」への存在

私はいつの頃からか、死について考え込むようになっていた。戦争中は毎日死を覚悟していたが、戦争中の「決死の覚悟」と、戦後の「死の想念」とは大きく異なっていた。後者はニヒルで虚無的な想念だった。

一九四九年二月

私は朝夕、二時間近い寿司詰めの電車の中で、私の胸に押しやられて出口を目指してもがいている若い女に、ふと死臭を感じて、窓外に目を逸らすと、濛々たる砂埃。その中を右往左往している、何かしら空々しく危なっかしい男や女たち。何時見ても、ただそれだけなのだ。

先日、病理解剖を初めて見学する機会があった。解剖学の学生実習の対象は、ホルマリンの中に長時間保存された献体で、一つ一つ教科書と見比べながら解剖するのだが、病理解剖の対象はそれとは違う病死直後の遺体で、初めて見たのは二十六歳の男性だった。天井の中央はガラスばりで部屋全体が明るく、遺体は中央のコンクリート台の上に横たえられ、見学を希望する学生は周囲の段の上に立って見下ろす形になっていた。そして青黄色く痩せた肉体は、確かに何ものかが尽き果てた肉体に見えた。次第に切り取られていく肋骨、そして取り出された心臓にメスが当たった時、迸《ほとばし》り出た血潮は、そのがらんどうの胸腔にぴちゃぴちゃと溜り、私にはそれが、無限に遠い祭壇に捧げられた供物であるかのように思えた。やがて執刀者が淡々と「生殖器の発達、やや不完全」などと報告したが、それは何かしら苛立《いらだ》たしい抗議の声のようにも聞こえた。

だが、その三日後に見た法医学の解剖は、部屋は同じ構造だったが、いっそうリアルだが虚しいものに思えた。二十三歳で、寮で自殺したという女子工員の肉体が器用に切り開かれ、不消化の飯粒がいっぱい入っている胃袋が切り開けられ、次々に臓器が取り出されて、再び縫い合わされていく。頭の皮をふさふさした毛髪ぐるみ引きむいて、ぎしぎしと骨を鋸で切り、鑿《のみ》でこじあけてすっぽりと脳を取り出して計量。一三〇〇グラム。そしてそのあとを綺麗にもとのように縫い合わせる。十時間前まで飯を食っていたこの女性が、今、脳の無い顔で、微かに笑っている。化粧したままなのか死化粧をしたのか、ほんのりと桃色の頬、赤い唇、そして少し開いてはいるが、焦点の無い眼。子を孕《はら》んでいない子宮。法医学教室の空気は暗く淀んで、奈落の底のような光の中で時間は何処かへ吸い込まれ、何も動かないようだった。私は何となく動きを求めて喘いだ。白い顎の下に血痕が残っている。脳の無いこの自殺者の、死に化粧をしたかと思える無意味な笑顔に、何か意味を読み取ろうとするのは、愚劣だ。そしてそれを眺めている人々の無感動な表情。その無感動が医師の条件なのか。人はその無神経の故に幸福でいられるのか。私は全く見知らぬ人々の間で青い顔をしてきょろきょろしている自分を想像した。そしてあの重く暗く深い虚無の深淵が、私を引きずり込もうとして足元に顔を覗かせている気がして、ほとんど立っていられぬくらいにむかむかと冷えてきた。解剖室の地下の空気は、重く暗く淀み、時間は全く止まっているようだった。

その時、私はこの透明な霧の中に、一箇所だけ動き廻っているものを見つけた。その女の白い脂肪の厚い腹腔の中の、うねうねとどす黒くうねる腸管の間に、二匹の長い回虫が血にまみれてぬるぬると這い廻っていたのだ。私は込み上げてくる憤りにも似た不快感に震えながら、よろよろと部屋を出て、階段を上がった。

その日の夕刊には、「美女、謎の死」という見出しで、この「町内評判の美人」の死を「奇々怪々の事件」として報道した。私が階段を上がっていた頃、新聞社ではこの特ダネを印刷する輪転機が轟々と廻っていたのであろう。

私は、この女の死に、自分の死を見たと思う。私はもうこれ以上書くまい。四年前の夏、あの原爆の廃墟で、一陣の風によってサラサラと崩れてしまった人間の記憶を、改めて思い起こした。

リルケが言っている。「僕の恐怖が、なまやさしいものだったら、僕は、ふと見方を変えて、生きてゆくことも不可能ではないかも知れぬ。しかし僕は恐ろしかった。このような変化に対する恐怖は、どう言ってよいかわからなかった。」

八月二十二日

三日、続いて死の夢を見る。死そのものは、夢の中では体験出来ないが、死へ一歩一歩近寄ってゆく体験は、夢の中でも切実だ。一昨夜は、夢の中で肺をやられた。私は「左側湿性肋膜炎、及び左肺尖浸潤」といとも簡単に宣告されて、瞬間、頭の先から足の先へかけて、生理的にショックが走ったことを自覚して、夢の中で苦笑していた。

昨夜は、狂人になりつつある夢を見た。まだ完全に狂ってはいないが、次第々々に狂ってくる自分の精神状態をつぶさに経験した。それは恐怖に近いものだった。もう少しで完全に狂ってしまう。そしたら一切の終りだ、と思った。最初はガラス戸を叩き破って戸外に飛び出して逃げたが、次第に追いつめられて、頑丈な格子の中に入れられ、それを破ろうとして全力を振るった。最初のうちはその十字縞の格子《こうし》は何とかぶち壊せる程度の物だったが、最後に追いつめられた天井の低い二階の格子戸は、小さい上になかなか破れなかった。私はその入り口にガラクタを詰め込み、全力でその格子を捻じ曲げ、頭で押しまくった。そしてやっと頭と腰とがすり抜けるほどの隙間ができた。自分に向かって、「何をしているのだ。この偽善者め」と心の中で罵《ののし》りながら、私はやっと箒《ほうき》にまたがって暗い大空に飛び出した。非常に大きく揺れながら飛ぶ。凶暴な脳の熱が燐光を発し、まさに自分が消失しようとするのを意識する。その時が、完全な狂だ、と思いながら。

八月二十四日

そうです。確実にそうなんですよ。人間は死ぬんです。それくらい確かなことは無いのに、そのことを殆どの人は十分意識してはいないのです。死ぬってことが何だかってことは、いろんな見方がありましょうけれど、死が何らかの出発になるのか、あるいは途中のことなのか、そうしたことは想像できません。結局それらすべてが死によって終ってしまうんですね。そう、徹底的に其処で杜絶《とだ》えて終うんです。無くなって終うんですよ。

平気な顔をして、こんなことを言ってますがね、私は実は怖ろしくてたまらないのです。九鬼《くき》周造が文章の最後をこう締めくくっています。「人生は、無に囲まれている。死は生の徹底的終局である。死の持つ積極的意義を飽く迄も知悉している人間でも、それ故に、時としては、歳月の推移に無限の哀愁を感じる。そして魂は死の鐘を聴く時、自己の創造した価値が、たとえ僅かでも、不滅であるという諦念を懐いて、自己を無の淵に突き落とすであろう」。

「無の淵に突き落とす」。こんな表現をした人を、どんな人と表現したらよいのか分かりませんが、兎も角事実はこういうことなのでしょうね。でも、若しも一種の冗談や、悟り澄ました平気な顔で、気楽にこんなことを口にする人がいたら、私は撲りつけないまでも、おそらく腹を立てるでしょう。私は夢の中で「あなたは不治の結核だ」と告げられただけで、生理的に慄《りつ》然《ぜん》として目を覚ますほどに、うわべは何と言おうと、身体はそれ程に生きていたいのですから。この世が生きるに値するかどうかということは、それから先の問題ではないでしょうか。

八月三十日

小説家倉田百三が『出家とその弟子』の序文にこういう台詞を記している。「人間か。それではお前は、死ぬる者じゃな。」

哲学者ハイデッガーはこう考えた。「現存在（Dasein）は、死への存在（Sein zum Tode）である。死とは現存在がその都度自身で引き受けなくてはならない存在可能性である。死において現存在は彼の最も自己的な存在可能に直面しているのである」。

神学者カール・バルトはこう言っている。「死とは、実に終結（das Ende）である。それは吾々の生に対する審きである。即ち、生は死を待っているのである。生まれ、成長し、成熟し、年老いる、ということは、吾々が皆、終りになる瞬間に向かって、——決定的に終りになる瞬間に向かって歩む、ということである」。

確かに、人間が持っているさまざまな可能性の中で、死ほど確実な可能性が他にあろうか。（中略）私は、時に自分が「結構生きてゆける」と感じることがある。しかし世間的な考え方から一切を理解するのでなく、根源的な視点から世間的な一切を理解するべきではないか。根源的な視点とは、得体の知れぬ力が、一切を無化しようとして、人の足下に口を開いているという事実ではないか。この事実の前に、私がいくら「私も結構生きてゆける」と思い、また「明日のために今日がある」と考え、また「自分の子供たちは、きっと成功してくれるだろう」と望むことが、実は何の根拠もないことは明瞭である。

私が、今この瞬間を生き延びるならば、次の瞬間にはより近く死に向かって立っている。この厳然たる時間の推移は、嫌でも人間を「年とらせて」ゆく。この死に向かって進む不可避的な歩みの中で、何とか自分を完全に自由にしようと欲して、自分の頭にピストルを打ちこんだあの欧州の作家の死を、私は笑って済ませることはできない。「自ら欲する時に死ぬ」、このことが残された最後の自由だと考えた人たちの、その考え方の鋭さに、私はギクリとさせられる。芥川も自殺し、太宰も自殺した。

なるほど、自殺は、この生の苦痛に耐えかねた人にとって、その苦痛を打ち切るという意味はあるかも知れぬ。しかし、人生が無意味であるならば、自殺さえも無意味ではないか。「一つの長き薄明、一つの死ぬばかりに疲れたる、死ぬばかりに酔い痴れたる、欠伸《あくび》する口をもて語れる悲哀は、余の前を跛行《はこう》した」と語ったツアラツストラにとっては、それらは共に退屈な行為であるだろう。

サルトルは主人公ゲッツにこう言わせている。

「沈黙が神だ。不在が神だ。神は人間の孤独だ。

ただ、おれがあるのみだ。おれ一人で悪を決定した。おれ一人で善を発案した。

いんちきをしたのも　おれ。奇跡をやったのも　おれ。

今日おれを裁くのは　おれ。おれの罪を赦しうるのも　ただおれ一人だ。

おれ、つまり人間だ。……おい、何処へ行く？」

私は思った。「不在が神だ！」と絶叫することによって得られたかに見える自由は、虚無の壁にぶち当たって、陰々と木霊のように自分に返ってくるだろう。「ただ、おれがあるのみだ」。その独白がいつまでも木霊《こだま》になって響いてくる世界。想像するさえ怖ろしい。徹底的に自己に対して誠実であろうとする良心は、遂に自分を決定的な自己喪失へ導くだろう。

私は極度の困憊《こんぱい》の中で、自分を凝視し続けた。そして「人間の本当の姿を見つめなくてはならない。自分の根源的な事実から目を反らしてはならない。」と心の中でうわ言のように繰り返していた。

私は、化石となった。
それは、醜くく砕けて散乱しながら、なおこれを失うまいとする化石であった。

（5）新しく自由に生きる――回心

どういうきっかけだったか思い出せないが、私は二年生の一学期から九大の細菌学教室に出入りするようになった。

そもそも私は、医学部に入る前から、臨床家としての自分をイメージしたことはほとんど無かった。私が進路として医学部を選んだのは、中学四年の秋、戦争のため文系学生の徴兵猶予《ちょうへいゆうよ》が廃止され、直接、戦争に必要な医科と工科の学生以外は、徴兵年齢に達すると学業半ばでも入隊し、戦場に出かけることになった時のことだ。『少年たちの戦争』にも書いたように、私は愛国少年で、戦場で死ぬことを早くから覚悟していたが、銃剣道だけは初段をもらったものの、手榴弾投擲《とうてき》などの戦闘技術が下手糞で、要領が悪いと何度も教官から頭を叩かれ、立派な兵士になれる自信が無く、進路の選択に迷った。その時父が、「こんなに世界中の人が殺し合っている時代に、人の生命を助ける人がいてもよいではないか」と暗に医師への道を示唆した。そして生来主体性に乏しい私は医科を選択したのだった。戦争中に旧制高校の文科は定員が大幅に縮小されたが、戦後ふたたび大幅に増員となり、私たち理科生にも転科のチャンスがあったが、その時も私は迷った末、ずるずると理科に留まり、そして九大医学部へと入学した。私は漠然と基礎医学の研究をするつもりでいたと思う。細菌学教室へ出掛けたのは、授業に興味を持ったというよりも、実習を指導された武谷健二助教授の人柄に惹《ひ》かれたことと、その頃、九大の細菌学教室に日本で最初の電子顕微鏡が入り、それに興味を持ったこともあったかと思う。

実際、武谷先生は私を歓迎して下さり、電子顕微鏡用のサンプル作りなどを教えて下さった。寒天平板の上にコロジオンの薄幕を張り、その上にミクロマニプレーターを使って少数のバクテリアを移植して培養する技術などを次第にマスターできて、何の目的も無しに、ひっそりと実験室で暮らすことに、一種の満足感があった。その頃ノートの端に書きとめた拙い短歌。

黴毒《ばいどく》の本を一気に読み終わり　大風の森こうこうと荒れゆく
電光を下から当てて　暗い実験室で　緑膿菌《りょくのうきん》を覗いている
観念的　あまりに観念的なれば　さびしさに陶酔しつつ　一人街を行く
分かり切った　なりゆきなれど　なお悲し　などと　な歌いそ

その頃私は、前述したように、父の姉の本田時子の家に寄留していたが、福岡には別に三人の伯母が住んでいた。その一人は徳永芳子（ヨシということもある）といい、独身だったこともあって私が幼い時から一番親しい伯母だった。彼女は活水《かっすい》女学校大学部を卒業後ボストン大学大学院の修士を出て、一九三二年に帰国し活水の教授となった。その頃、日本は中国と長期の戦争のただ中で、米国は中国の蔣介石を全面的に支援していたから、日米関係は険悪となり、米国系のミッションスクールである福岡女学校（戦後福岡女学院と改称）も国や軍から厳しい弾圧を受けた。そのため校長職だった米人宣教師は次々と追われるように帰国し、芳子は三十八歳で日本人として初の第十一代校長（戦後、院長）となった。官憲の弾圧はいっそう厳しく、生徒は工場に動員され、校舎の大部分は軍に接収され、「キリスト教に基づく教育を行う」という基本方針や聖書の授業などを廃棄しなければ学校として認可しないと繰り返し迫られた。彼女は柔和な人だったが、この点は毅然として譲らず、廃校を覚悟してキリスト教教育を守り通した。校舎は空襲で全焼してしまったが、戦後、彼女の姿勢は国の内外で高く評価されることとなった。（徳永徹『凜として花一輪―福岡女学院ものがたり』梓書院、二〇一二年）

話は前に戻るが、一九四九年の或る日、私は空襲で焼け残った福岡女学院の院長住宅にこの伯母を訪ねた。伯母は私が青白く痩せて、憂鬱な顔をしているのを心配したのか、「福岡女学院に新しく教会を作ったから、徹さんも日曜の礼拝においでなさい」と勧めた。私は「伯母さん、僕は、もうキリスト教は卒業しましたよ」とまるで一笑に付したのだったが、伯母の熱心な勧めに折れて、やがてその年の晩秋にその教会の礼拝に出かけた。伯父の本田牧師の礼拝説教はいつも短いものだったが、しばしば何か心に沁みるものがあった。

　この頃の日記には、聖書の言葉を書きつけたページが多くなった。当時の聖書は文語体だったが、その幾つかを拾ってみると、「義人なし、一人だになし。聡《さと》き者なく、神を求むる者なし。みな迷ひて相共に空しくなれり。（ロマ書三章）」「噫《ああ》われ悩める人なるかな。此の死の體《からだ》より我を救はん者は誰ぞ。（ロマ書七章）」「造られたるものの虚無《むなしき》に服せしは、己が願によるにあらず、服せしめ給ひし者によるなり。（ロマ書八章）」などである。

　その頃の私の中では、実存主義と、キリスト教と、平和運動とが、互いに解消し、止揚することができないものとして並存していた。そして其処に自然科学と芸術が加わる時、それらの調和を見出だすことはいっそう困難に思えた。たとえば、「平和を守るために抗議しない者は戦争共犯者だ！」というパトスに共鳴し、また「不安の無の明るい夜」の中で「人間存在の根源を問い続けること」を正しいと感じ、また「ここに一切の疑懼《ぎく》を捨てねばならぬ。ここに一切の怯懦《きょうだ》が死なねばならぬ！」というマルクスの叫びにも共感を覚えた。しかし実際には疑懼が残った。そして自分の不甲斐なさ、罪深さを思い、しばしば絶望の淵をさまよった。そのくせ私は、毎日毎日、友人たちと何と愉快そうに談笑し、時にテニスに興じ、「回転焼き」を食べていることか！

一九五〇年一月の日記に私はこう書いた。

永いこと、懐疑を枕に眠る日が続いた。ローマの最後の哲人と言われたボエティウスは、こう歌ったという。「お前も若し、瞭《あきら》かな眼光によって真理を見たいなら、また正しい歩行を以って道を辿りたいなら、喜びを追放せよ。恐れを追放せよ。希望を捨てよ。悲しみに捉われるな。これらの感情の跳梁が、精神を曇らして、それを鎖へとつなぐ。」と。これは象牙《ぞうげ》と水晶で飾られた書斎の中で歌った哲人の歌だが、「喜びと、恐れと、希望と、悲しみ」とは、私の宝物だ。それを追放せよとは。私は彼の言に逆らって、それらの中で、うち顫《ふる》えて生きよう。私は人間である。人間的なことは、何事をも余所事《よそごと》とは思わない。（中略）
私は近く洗礼を受けようと思っている。恂がいつか、「人間には幸福という宿命がある」と言ったことがある。私はそれを私に対する軽蔑の響きのように感じたものだったが、しかし今、或いはその通りかも知れない、と思う。私が自然科学、とくに基礎医学を選びとるとともに、自分の宗教としてキリスト教を選びとることは、単なる偶然ではないと思える。「汝は何故にと問うか。余は何故にと問わるべきものに属していない。そもそも余の体験は昨日のものである。余が余の意見の理由を体験したるは久しき以前のことである。」とは、ニーチェの言葉だったと思う。私はこの一年余、ずっと礼拝に出席して、バイブルもだいぶ読んだ。現代の人間が持つ精神文化は、キリスト教を肯定し憧憬する形か、それを否定し脱出する形か、何れにせよキリスト教と無関係ではないと思う。私自身は、洗礼を受けるか、あるいは讃美歌を歌うことを止めて教会を去るか、どちらかを選ばねばならぬ、と思ってきた。『幸福なるかな、心の貧しき者。天国はその人のものなり。』に始まる山上の垂訓などは、何時読んでみても、違和感なく自然に受容される。たぶんキリスト教は、根本において私の幼き日に、近くにあったのであろう。

私はその年、一九五〇年五月に福岡女学院教会で洗礼を受けた。一つの山を越えたという思いはあったが、洗礼を受けても、自分の何かが変わったようには思えなかった。今思えば、それには更に歳月が必要だったのだ。

その頃、その教会に小樋井滋《こひいしげる》という人が来た。彼は、九大文学部の助手を三年務めたのち、一九五〇年四月に福岡女学院の高等学校教諭として赴任した。当時、彼は二十六歳、私より四歳年長だったが、赴任した時は牧師の資格試験の受験勉強をしていたと思う。彼は十一月に教会の副牧師となったが、神の前にまっすぐにそそり立つ大木のような、素朴で温かで包容力がある人だったから、教会でも皆から愛された。私は、洗礼を受けたあとも迷いがあり、教会やキリスト教についてもっと知りたいと思っていたので、この兄貴のような若い副牧師に食い下がり、そして小樋井先生と呼ぶようになった。

或る時、先生は私を呼びとめて、「徹さん、道を歩いている君を見ると、いつも憂鬱そうな暗い顔をしている。救われた者はもっと明るい顔でいられるはずだ」と言った。その言葉に私は凹《へこ》んだが、腹も立った。「この顔は俺の地顔《じがお》なんだ」と思った。

小樋井滋副牧師（出典：『祈りの人—小樋井滋先生の思い出』日本基督教団筑後小郡伝道所、1983）

また或る時、私が余りに執拗《しつよう》に理屈をこねたからであろう。先生は腹を立て、「もう、君とは話をせん！」と言って席を立ち、さっさと自宅へ帰ってしまった。自宅と言っても先生は独身で、六畳一間の家だったと思う。私は直ぐ「ここで突き放されては、たまるか」と思い、その家まで追い掛けて行って、「先生は牧師でしょう。僕は分からないから聞いているのに、そんなに怒っていいんですか」となじった。先生は「よし、それなら其処に座れ」と言って、懇々と福音について話をされた。詳しい中味は覚えていないが、私が帰宅したのは、明け方に近かった。

先生は時に激しく私を叱った。私は例によって、社会科学がどうの、主体性がどうのと、生意気に、半分昂奮して意見を述べていたと思う。斎藤茂吉の「この心　葬り果てんと　秀《ほ》の光る錐《きり》を畳に　刺しにけるかも」という歌に凄く共鳴したことを喋った時、先生は突然、「君は水で洗礼を受けているが、御霊のバプテスマを受けていない」と言われた。その言葉はガンと響いた。さらに「君は、茂吉の言葉を恐ろしいと言いながら、それほど恐ろしそうな顔をしていない」とか、「それでは、君は始めからクリスチャンではない」とまで言われた。ボクシングでストレートを食らったように、ガンガンと響いた。先生は最後に「軽い忠告として受けとって下さい」と慰められたが、その晩はショックで眠れなかった。先生の言う通りだ、と思えたからだ。

それでも私は、毎日曜日、一日中先生にくっついて廻った。学院教会としてスタートした教会は当初は学校色が濃厚だったが、次第に教会らしい体裁《ていさい》を整えて、朝の礼拝以外に小樋井副牧師が担当して夕拝も行われることになった。背の高い先生は、壇上に立つと一層大きく見えた。説教は、連続して「ガラテヤ書講解」だった。先生は夕拝の前に必ず聖書とカール・バルトの講解書をドイツ語で勉強しておられた。

或る夕拝の時のことだ。その日の午後、私は教会の青年たちとテニスをして走り回っており、そのあとの夕拝の出席者は私一人だった。礼拝堂に夕闇が迫り、先生は話を始められたが、私はテニスの快い疲れでぐっすりと眠ってしまった。どれくらいの時間眠ったのか分からない。目を覚ましてみると、夕闇はいよいよ深く礼拝堂を包んでいたが、その壇上に小樋井先生はまっすぐに立って、正面を見据えながら、大きな声で説教を続けているではないか。私はそっと周囲を見回してみたが、私以外には誰もいなかった。私は深い感動を覚えた。

いつものことだが、夕拝が済むと先生は、壇上に置かれた大きな木製の十字架を手にぶら下げて、ニコニコ嬉しそうにしながら、「ああ、終ったー」と大きく背伸びをされた。そんな姿に顰《ひん》蹙《しゅく》する人もいたようだが、私は、いかにも自由人らしくて、好きだった。

この時期、聖書は文語訳から口語訳に替わっていたが、この「ガラテヤ書講解」を通して私は、「人は律法の実行ではなく、ただイエス・キリストへの信仰によって義とされる」とか、「自由を得させるために、キリストはわたしたちを自由の身にしてくださったのです。だから、しっかりしなさい。奴隷の軛《くびき》に二度とつながれてはなりません」とか、「兄弟たち、あなたがたは、自由を得るために召し出されたのです。ただ、この自由を、肉に罪を犯させる機会とせずに、愛によって互いに仕えなさい。律法全体は、『隣人を自分のように愛しなさい』という一句によって全うされるからです」というガラテヤ書の言葉が、一つ、一つ、得心して理解できるようになった。

私は次第に生き返ったように元気になった。そして先生は、次々にルター、バルト、滝沢克己などの著作について指導をされた。キリスト者の自由ということが喜びを以て理解できたし、中世の修道院での挨拶の言葉だったという「Memento Mori.（死を覚《おぼ》えよ）」という言葉が、「Memento Domini.（主を覚えよ）」ということと同義だ、ということも納得《なっとく》できた。また特に「聖書的（biblisch）であるということは、真に、即物的・即事的（sachlich）であるということだ」という話は、信仰と科学を考える上の奥義とも受け止められた。「信仰の接続詞は、『にも拘わらず（trotzdem）』だ」という先生の言葉も、その通りだと思えた。

その後先生は、一九五二年三月、活水学院の中学高校の宗教主任として転勤された。私は残念でならなかった。しかし先生は私に言われた。「君はもう、免許皆伝だ。これから自分が、しっかりやっていくのだ」と堅く手を握られた。

⑹ また戦争が始まった——朝鮮戦争 （一九五〇〜五一年）

一九五〇年元日、マ元帥は声明を出し、「日本国憲法は、自衛権を否定するものではない」と述べた。月末には米軍の統合参謀本部議長ブラッドレーらが来日し、沖縄と日本の軍事基地を強化する声明を出し、二月十日にはＧＨＱが沖縄の恒久的基地建設を開始すると発表した。

三月に入り、吉田茂を総裁とする自由党が結成されたが、五月、池田勇人《はやと》蔵相は渡米してドッジと会談、「米軍駐留を条件としての早期講和」を提案した。一方、野党の外交対策協議会は、「平和・永世中立・全面講和」という共同声明を出した。

ヨーロッパでは、正月明けにコミンフォルムが、日本共産党の「平和革命論」を生ぬるいと批判した。そしてそれ以後、共産党内部は、武装闘争路線をとる徳田球一や野坂参三らの「所感派」と、議会路線をとる志賀義雄や宮本顕治らの「国際派」とに分裂し、ともに地下に潜行して、学生組織の末端に至るまで、両派は激しい抗争を展開することとなった。

五月三日、憲法記念日にマ元帥は、共産党非合法化を示唆し、六月二日、警視庁は集会・デモを禁止したが、六日にはマ元帥が、共産党中央委員二十四名全員の追放を指令した。私たちにとってもショッキングなニュースだった。

六月はじめのこと、九大医学部で学生大会が開かれた。全学連は、左翼系教授の学園からの追放や、日本の軍事基地化に反対し、六月六日に全国ストライキを行うことを決議した。それに備えて東京で全国大会が開かれ、医学部からは自治会総務が二名上京することとなったが、総務には私たち三年生から緒方と岡と私の三人が選ばれており、緒方と岡が上京し、私はそのあと開く予定の医学部学生大会の議長を受け持つこととなった。そこで私は会場に使用する講堂の借用を戸田忠雄医学部長にお願いに行った。戸田学部長は細菌学教室の主任教授でもあり、私はその教室に出入りしていたが主に武谷助教授の指導を受けていたので、学部長は私の顔に見覚えは無く、講堂の借用を承認したあと、「君は議長としてストライキを決議したら、医学部には居られないと思いなさい」と厳しい調子で言われた。私は「分かりました」と答えて引き下がった。

六月三日に、講堂で医学部学生大会が開かれ、私はその議長をやった。授業を潰さぬため、放課後の午後四時半に開会。出席学生数、約二百八十名、当日学校にいた者の九〇パーセントが集まった。過日の全学連全国大会の報告を緒方が行い、全面講和、軍事基地化反対の全学連の基本方針は絶対多数で承認された。最後に六月六日のゼネストについて賛否を問うたが、賛成一〇三、反対一四八、その他若干という数で、不参加となった。大会はストを否決はしたが、放課後に全員参加でデモを行うことを決議し、午後七時過ぎの散会まで途中退席者は一人もいなかった。議長として私は結論を誘導することは一切しなかったが、大会が終ってから、ストが否決されたため私個人は退学を免れたことに気が付いた。

六月二十五日、北朝鮮軍が突如、三十八度線を越えて韓国に攻め込み、朝鮮戦争が勃発した。虚を突かれた韓国軍と韓国駐留の米軍とは敗退を重ね、ソウルは陥落し、みるみる釜山近郊まで追いつめられた。

七月七日に国連安保理事会は、ソ連欠席のもとで朝鮮への国連軍派遣を決議し、マ元帥を最高司令官に任命し、マ元帥はその翌日に、警察予備隊の創設と、海上保安庁の増員を指令した。共産党幹部に逮捕状が出たが、彼等は地下に潜行して逮捕者は無く、一方、共産主義者とその同調者は一斉に職場から追放され、追放された者の数は少なくとも二万人以上と報道された。

福岡は韓国の釜山からは一衣帯水の近くに位置するため、追いつめられた米韓軍への支援の主要な基地となった。街の中から見上げると、南公園の辺りに高射砲陣地が構築されていくのが見えた。「ああ、また戦争が始まった」と私は激しく実感した。

たぶん日本全体の空気は比較的暢気で、むしろ軍需景気に潤《うるお》った人々も多かったかも知れないが、兵站《へいたん》基地の福岡の雰囲気は異常に緊迫していた。九大の教養部のキャンパスでは、食堂の入口に椅子や机を積み上げてバリケードを作り、中で反戦の学生大会が行われた。その頃父が長崎経専から九大教養部の教授として転勤し、六本松にある教養部キャンパスの学生寮の一棟を転用した教官寮に住んでいて、私も本田家からその寮に移っていたので、たまたまその食堂の外側を歩いていた。突然鉄兜《てつかぶと》を被った大勢の機動隊が食堂に殺到し、あっという間にバリケードをぶち壊し、中に突入した。議長の学生は二階に逃げ上がり、窓から外に飛び降りて姿を消したが、何人もの学生が逮捕され、トラックに投げこまれ収監されていった。教養部キャンパスでは教授たちが学生の釈放の陳情のために警察に向かい、女子学生たちは集まって、「嵐に抗して」という冊子を作り始めた。

街中でも異様な光景に何度も遭遇した。突然何人もの朝鮮人が逮捕されトラックに投げ入れられ、そのトラックの上から手錠をかけられた両手を挙げて、大声で怒鳴りながら連行されて行った。

九月十五日は私の二十三歳の誕生日だったが、この日釜山近郊に追い詰められていた国連軍は、北朝鮮軍の背後の仁川《じんせん》・群山《くんさん》に大挙逆上陸し、戦勢は一変した。挟み打ちに遭った北朝鮮軍は総崩れとなり、国連軍は三十八度線を突破して北進を続け、平壌を占領してさらに鴨緑江《おうりょくこう》に迫った。これに対し、十月二十五日に中国人民義勇軍が大挙戦線に参入し、朝鮮・中国軍は国連軍を押し返し平壌を奪回、一九五一年一月四日にはソウルを再占領した。それからは世界大戦の危機をはらみながら、両軍は一進一退、三十八度線を挟んで膠着状態の戦争が続いた。

九大の全学自治会の委員会の雰囲気も一変した。「金日成に激励文を送る」という決議案に反対したのは、私たち医学部の委員だけだった。委員会の席に、突然、地下に潜行していた共産党の宮本顕治が姿を顕わして、短い演説をしたあと、忽然と姿を消すというハプニングもあった。

本部の自治会室には、やがて火炎瓶が並ぶようになった。私は臆病者で、こういう平和運動が怖くもなったが、戦術としても賢明とは思えず、次第に離脱していった。

GHQは十月に、戦後公職から追放した一万人余の追放を解除し、十一月には旧軍人三千人余の追放も解除した。まさに急速な右旋回、復古調であった。そして電気事業再編成令が公布され、日本の国内は思いがけぬ軍需景気で潤おい、産業は急速に活気づき、再興されていった。

一九五一年も朝鮮半島の戦争は続いていた。それは米ソの代理戦争のような形で、まるで草原をテニスコートに作り代える時のローラーの往復のように、繰り返し戦争が往き来して、朝鮮半島での被害の甚大さが想像された。それはかつての日中戦争での中国民衆や、また日本の満州開拓移民や沖縄住民の悲惨にも通じるものであったろう。私は過激な学生平和運動からは遠のいたが、しかし自分の身の丈に合った平和運動は、続けなくてはならないと思った。

後年知ったところでは、朝鮮戦争での米軍の空爆は百万回以上、投下爆弾の総重量は六十万トンを超え、何と、太平洋戦争で日本に投下した量の三・七倍にもなったらしい。死傷者数は明確でない報告が多いが、韓国軍が二十万、米軍が十四万、一般市民の犠牲者は二百万に達するともいわれた。北朝鮮軍は死者だけで二十九万、中華人民共和国の志願軍と解放軍を併せて百万近い死者が出たと言われ、毛沢東の息子も戦死したらしい。一般市民の死傷者がどれほど大きかったかは、想像もつかない。日本は朝鮮戦争のために軍需景気で湧き返り、あっという間に経済復興を果たす結果となったが、私たちが知らない大惨禍が、すぐ身近で起こっていたのだった。

一九五一年四月十一日、マ元帥がトルーマン大統領によって突然解任された。マ元帥は国連軍を率いて三十八度線を突破し、満州の施設を爆撃し、原爆を使ってでも共産軍を撃滅するつもりであったらしい。部下を沢山失ったマ元帥の闘志は分からぬではないが、もし実行していれば第三次世界大戦が勃発していたであろう。マ元帥は潔く、その五日後に急遽、日本を去った。彼は滞日六年半余、虚脱状態にあった敗戦国日本に民主主義、平和主義を導入してくれた人として、国会も新聞も大きな感謝を表明し、羽田空港への沿道には二十万余の人々が日米両国の国旗を振って見送ったという。

サンフランシスコで対日平和条約と、日米安全保障条約が調印されたのは同年の九月である。米国で水爆実験が成功し、アイゼンハウアーが大統領に選ばれたのは、翌一九五二年の十一月で、朝鮮休戦協定が調印されたのは、更に一年後の一九五三年七月だった。

(7) 講和条約調印の頃 (一九五〇~五二年)

一九五〇年九月、朝鮮戦争が始まって三カ月後のことだったが、九大にキリスト教青年会(YMCA)が再建され、私は委員長に選ばれた。そのきっかけは、戦前にあった九大YMCAのメンバーだった小樋井先生が、五月に洗礼を受けて間もない私に「九大YMを再建しないか」と持ちかけたことにあった。私はその気になって、法文学部の西原明（のちに牧師）、小黒聡、外村民彦（のちに朝日新聞編集委員）らと話し合い、理学部、工学部、農学部、教養部の学生たちも誘って九大キリスト教青年会を立ち上げ、発会式に漕ぎつけたのだった。

その発会式での講演を私は法学部の今中次麿教授にお願いに行った。今中教授は戦争末期、官憲に捕えられて獄中で過ごした政治学者だったが、お願いした講演題は、「現代日本の基督者学生に与う」という大きなものだった。私は会誌を発行し、その講演も会誌に掲載して広く学生に読んでもらいたいと思ったが、会誌発行のカネが無いので、川端通りや新天町などの老舗《しにせ》を廻って会誌への広告の掲載を頼んで歩いた。何軒もの店が快く協力してくれた。また印刷を安価に上げるため、当時藤崎にあった刑務所に印刷作業のお願いに行った。ここも快く引き受けてくれて、一九五〇年十二月に、B５判、十ページの「九大キリスト教新聞」第一号が出来上がった。今中先生は、外村が筆記した講演の記録にさらに真っ赤にペンを入れて下さった。

また会長を引き受けて下さった経済学部の高木暢哉教授は「キリスト者と平和」という文を寄稿して下さった。高木教授は「銀行論」の専門家で、篤学・誠実で温かい先生だった。国際政治学の某教授が「革命が近い」と熱烈に語った講義を聞いてエキサイトした学生に、「日本では革命は起こらないだろうよ」と静かにたしなめられた姿が印象に残っている。私自身はその号に「学生ＹＭＣＡの平和運動に対するいろいろな批判に答える」という一文を書いた。
その後、私は御殿場で開かれた全国学生ＹＭ・ＹＷＣＡ指導者協議会に五人の学生代表の一人として参加したり、高木、小樋井両先生と共に、阿蘇で九州地区の学生ＹＭ・ＹＷの夏期学校を開いたりした。

一九五一年二月に、東京で隅谷三喜男、北森嘉蔵、武田清子、井上良雄らが中心となり、「キリスト者平和の会」が結成された。私は、過激な平和運動からは脱落したが、自分の身の丈に合った平和運動は続けなければならないと思っていたので、福岡にも「キリスト者平和の会」を結成したいと思い、小樋井先生に相談した。先生はそれに賛同して、ガダルカナルの密林で餓死寸前の体験をして引き揚げてきた教団社家町教会の佐藤俊男牧師を会長に推薦した。佐藤牧師は口数が少なく地味な先生だったが、快く先頭に立ってくれた。会員は百人ほどの小さな会だったが、「福岡キリスト者平和の会」は事務所を福岡市ＹＷＣＡ会館に置き、当初は佐藤牧師を中心に勉強会を続け、一九五四年十二月に会報「平和のつなぎ」を発行した。第一号はガリ版刷りだったが、翌年の第三号から立派な活字印刷となった。第四号は、「十年前、忘れられぬあの時」と題する特集で、私が「長崎」、椚《くぬぎ》みずほ福岡ＹＷＣＡ主事が「東京」、佐藤牧師が「ニューギニヤ」についてそれぞれの戦争体験を書いた。翌年の第六号には、夏に若杉山で合宿して開いた夏季集会での滝沢克己教授の主題講演を載せた。講演はこう締めくくられていた。

「薔薇《ばら》ノ木ニ　薔薇ノ花サク　ナニゴトノ不思議ナケレド」。私たちに親しい詩人がかってそう歌ったように、私たち人間が「キリスト者」になるということは何も特別のことではない。いなむしろそれは、ただ人がほんとうに人らしい人になるということ、この地上のありとあらゆる人にとって、もともと薔薇の木に薔薇の花の咲くのにもまさって自然のことであるはずなのだ。神の不思議は、たといそれが「キリスト教」と名のっても、けっしていわゆる「宗教」の、薄暗い片隅、ものものしい騒ぎのなかにあるのではない。

全面講和か単独講和かで国内の議論が沸騰《ふっとう》したことは前述したが、朝鮮半島で国連軍と共産軍が戦争をしていた最中の一九五一年九月に、条約は単独講和の形でサンフランシスコで調印された。調印当日の私の日記には、こう書かれている。

一九五一年九月八日

サンフランシスコから、吉田全権の日本語演説が電波に載って流れてくる。言い知れぬ感慨が私の胸深く去来する。全権の一語一語は、祖国を思う情に充たされており、かつての大国の宰相たるにふさわしく、臆せず堂々と所信を表明している。その一語一語の中に、敗戦以来六年の間の日本人の血の滲む努力の跡が結晶していることを思って、私は眼がしらが熱くなることを禁じることができなかった。

しかしこの講和は、老宰相の言うごとく、果して和解と信頼の上に成り立つ講和であろうか。中国やインドの参加を得られなかったこと、またソ連陣営が遂に調印しなかったこと、若しくは調印できない内容であったことは、残念である。現在の世界情勢を考えれば、已むを得なかった面もあろう。早期の条約締結が、日本に利益をもたらす面もあるであろう。しかし私は、全面講和こそ、日本の平和を保障する途であると考えていた。私は米国の民主主義に敬意を持っているが、実際は秘密独善外交の面もあると思う、さらに問題は、未発表の安全保障条約である。対等の主権を有する国家間の条約であろうか。

領土、経済、未帰還者の問題などに関して、吉田全権が述べた要請は一応正しいと思えるし、ある部分は、良く言ってくれたとも思う。しかし、戦災を受けた国々、特に中国の民衆に対しては、講和会議に欠席の中国ではあるが、全権は我々を代表して一言、謝罪してほしかった。また全権が向米一辺倒の立場で必要以上にソビエト攻撃を行ったことは、米国の強制があったとしても、表現を考慮してほしかった。日本は自分の意志で反ソ反共の立場を鮮明にし、その陣営と敵対関係に入ってしまったのだ。

六年前、日本の国土は、到るところ、戦火で炎々と燃え、数千年来の日本文化の遺跡の多くも、またささやかな個人の営みも、灰燼《かいじん》に帰してしまった。魂の痛みと矛盾を無理やりに割り切って、鍬《くわ》や、ハンマーや、銃剣にしがみついて過ごした私たちの十代。その飢えと、寒さと、疲労の実感は、この六年の間に半ば消えていったが、友を失った悲しみと、人間の精神があれほど歪められねばならなかったことの記憶は、拭い去ることができない。日本はその焦土から、すべての国々と平和な関係を築こうと立ち上がったのではなかったか。片面講和は冷戦構造の中の小国日本として致し方ない唯一の選択であったのかも知れない。しかし長期的には、対立する陣営との戦争の危機を残すものでもあるだろう。日本の平和勢力がさらに力を増し、日本の、否、世界の平和が守られるよう、私は祈る。

一九五二年三月、前述したように小樋井先生は福岡を去ったが、先生は私に、戦前にあった九大キリスト教学生寮を、何とか再建することを考えてほしい、と言い残された。私はその三月に卒業を控えていたし、その後一年間、九大病院でインターンをし、医師国家試験を受け、そして何処かの部局に入局しなければならなかったから、学生寮建設に躊躇《ちゅうちょ》したが、学生寮があればキリスト教運動にも平和運動にも拠点となり、運動継続のためには必要だと考え直して、努力してみることとした。この計画が具体化したのは一九五四年の初夏で、私は既に医学部細菌学教室の特別研究生として大学院の二年生だったが、大平得三名誉教授に募金委員長を、大平昌彦助教授に書記長をお願いし、先輩や学生たちと共に募金活動を始めた。最初は街頭の十円募金から始めたので先行きが心配だったが、やがて麻生徹男医師宅に事務所を置き、日本ＹＭＣＡ同盟や、福岡財界有志の大きな支援を得て、九大本部キャンパスに近い福岡市名島に土地を購入し、三年後にはピロティ方式二階建ての立派な「名島寮」が建設された。

一九五二年九月に講話条約が締結されたあと、冷戦構造はますます深刻になった。国内では翌年、石川県内灘演習場で米軍の試射が始まり、武器製造法が公布された。七月には「朝鮮休戦協定」が結ばれたが、九月には日米の「行政協定」が調印され、一九五四年一月のアイゼンハウアーの一般教書では、「沖縄基地の無期限保持」が宣言された。同年三月一日に米国の水爆実験のため第五福龍丸が被災し、半年後に久保山無線長が死亡した。七月一日に防衛庁、自衛隊が発足、十二月に政府は憲法九条について、自衛隊合憲という統一解釈を発表した。

一方、この一九五四年末から約三年足らずの間、国内の経済が大きく伸長し、「神武景気」と呼ばれる時代が到来した。家庭でも、白黒テレビ、冷蔵庫、洗濯機の三家電が「三種の神器」ともてはやされ、前後して初のスーパーマーケットが開店し、地下鉄丸ノ内線が開通し、後楽園遊園地が開場し、日本住宅公団が発足した。こういう状況を背景に、一九五六年の「経済白書」は、日本が「もはや戦後ではない」と言い切った。「今や平常時である」という意味であったろう。

国外では、一九五四年九月、ソ連で世界初の工業用原発が稼動し、一九五五年五月にはパリ協定とワルシャワ条約が相次いで成立し、それぞれ新西欧連合とソ連・東欧七カ国の連合が強化された。日本の国連加盟が可決されたのは、一九五六年十二月のことである。

(8) 伸び行く女性たち——世界母親大会など（一九四七〜五五年）

敗戦は、結果的に女性の地位の著しい向上をもたらした。高等教育を例にとると、私が旧制高校を受験したときには女性に高校受験資格が無かったが、戦争直後の一九四五年十二月の閣議で「女子教育刷新要綱」が決定され、一九四七年二月の勅令で女性にも高校受験の資格が保障された。しかし実際に一九四七年四月の入試では、全国の六つの旧制高校で計十三人の女性が入学したが、五高では受験生はいたものの入学者はゼロで、一九四九年になって初めて四名の女性五高生が出現した（小山紘『さらば我友叫ばずや——旧制高校史発掘』論創社、二〇一五年）。私が在学した九大医学部の同じ学年にも女性は一人もいなかったが、二〇一六年度の医学科の女性卒業生は、百五十人中十九名になっている。法的保障とその実現の間には時間がかかる。たとえば政治の世界では、一九四六年の戦後初の総選挙で一挙に三十九名もの議員が誕生したことを前述したが、二〇一六年現在の女性国会議員の割合は、世界でも極めて低く、百五十六位とも百五十一位とも伝えられる。
女性の地位向上のために、戦後も女性自身による戦いがあった。地方における一例として、私の母、徳永喜久子の場合を記しておこう。喜久子は、一九二〇年の津田塾の卒業で、戦前、東大で第一回女性聴講生の一人ともなったが、戦争中は国防婦人会や愛国婦人会には入会せず、羽仁もと子の「全国友の会」に所属しただけで、家庭人としてひっそりと暮らしているように見えた。しかし英語が堪能だったため、戦後、一九四七年に長崎ＹＷＣＡの英語教室の講師となり、その関係で翌年長崎県連合軍政府に懇請され、社会教育課の常勤顧問となった。この時期の仕事について、後年母はこう振り返っている。

「ここでの私の仕事は、複雑だった。戦禍の復興と民主主義普及が目的であったが、戦時中すべてが戦争向きに訓練された婦人や青年の生活と思考を民主主義へと転換することは、口で言うほど、容易なことではない。殊に地方にあって軍国主義に固められた婦人や青年の物の考え方、暮らし方を民主的に変えることは一朝一夕で出来ることではない。しかも米政府がもたらす施策を日本人向けに調整し、無理なく進展させることには特別の思慮を必要とした。

現実には先ず、各種婦人団体・青年団の組織変更である。従来はその地域の有力者の妻や息子が会長や役員席に推されていた。それを選挙制に直しても、これまでの習癖で有力者に遠慮して、本人の人柄や力量に依ろうとしない。選挙を幾度も繰り返す有様だった。

ある時、県下の婦人団体の役員を一堂に集めて、自由な話し合いの席を作り、互いに言いたいことを言う機会とした。議論百出はよかったが、ついに大喧嘩となり罵詈雑言の続出。私は日本の女性が相手の面前でこのように発言出来ることを初めて知った。しかしこのことがあってから、一同打ち解けて、気持ちをオープンにし、やがて各市から女性の県会議員が続出したのである。さらにＰＴＡ、婦人少年室、公民館の創設、町村の生活改善など、皆の意見を交えて実現していったものだった。

農村の青年たちは、戦時中軍需産業に奉仕させられていたが、戦後は親の農事の手伝いに変わり、自分の正式の収入もなく、自立の道に迷い、農村離れの傾向にあった。そこで未開墾地に果樹や新野菜を作り、その収入を青年のものとすることとした。これが功を奏し、青年の定住、女子の農家への参入にも役立つことになった。

長崎にはキリシタンの村や島が多く、そこを視察すると、日曜はみな農事を休み、教会に行く。それでも農業は他所より進んでいるのを見て、農家にも休日を設けることを提案。さらに、結婚式に莫大な費用を要するので、公民館を利用し、披露のご馳走は、婦人会のボランティアに託する例を作った」

（『九十二歳のクラス会』ドメス出版、一九九一年）

一九五〇年、父が長崎大学から九大へ転任し、母も福岡へ転居したが、間もなく福岡に在ったGHQ九州地方民事部に迎えられ、九州七県の婦人会、県庁農業改良課、婦人少年室などの状況視察のために米婦人教育官と通訳の三人でジープに乗り、全九州を走り廻った。その報告を英文で提出することが母の役目だったが、「未知の町村で、人や自然に触れ、ときに歴史の跡を訪ね、異なる慣習に出会いつつ、九州を一巡するのは興味深かったが、ともに行動する米人が交代するごとに、その個性や、やり方が違い、各県の係官との折衝で、苦労も多かった」と記している。

一九五五年六月に東京で第一回日本母親大会が開かれ、母もその会に参加した。全国から二千人の母親が集まり、三日間、戦中戦後の母親としての苦労を語り合い、励まし合った。そして七月にスイスで開かれる世界母親大会に、十四名の代表を送ることを決めた。団長は河崎なつ（日本こどもを守る会）で、母も九州代表に選ばれた。母を送り出すために福岡県日教組婦人部を中心に九州地区の母親たちが旅費集めに奔走した。日教祖の先生たちには共通して、戦時中の悲しい体験から、「ふたたび教え子を戦場に送るな」という共通の熱い思いがあった。

世界母親大会は一九五五年七月七日から十日まで、スイスのローザンヌで、世界七十一カ国から二千人余りの母親を集めて開かれた。私は羽田空港で大勢の人々とともに十四名の代表団を見送った。私はもちろん、母もそれまで一度も外国に行った経験がなかったから、私は和服姿の母がどうなることかと多少心配だったが、それは杞憂に過ぎなかった。少し長くなるが、母、喜久子が帰国後間もなく多忙の中で書いた「世界母親大会に出席して」（『福岡女学院高校誌、若樹』、一九五六年）の書き出しの部分を引用してみよう。

それはアルペンの国、娘時代からあこがれていたユングフラウの姿を飛行機の窓から追い求めつつ、雲の影にそれと見定めぬうちにジュネーブに着いてしまった。東京から丁度二昼夜、なお暮れ残るアルプスの山脈のもと、氷河の碧水をたたえた湖水に添って、桜ん坊のたわわに実る野の中を、汽車でローザンヌへと走った。

世界母親大会！この名は日本では昨年始めて拡がった言葉だが、その起源は第二次世界大戦直後にあった。私はあの戦争中長崎に住んでいて、原爆を実際に体験し、凄惨な様を眼のあたりにして、このような悲惨事が再び人類世界に起こってはならないと、胆に銘じて思い続けていたが、それを訴える場を知らないでいた。その頃ヨーロッパでは、あの年の十一月、三十三カ国の婦人たちが戦争の惨苦から立ち上がり、平和への建設を目指して、国際民主婦人連盟を組織した。そしてこの平和への意志が世界的に結ばれるために先ず婦人の地位向上をと、一九五三年コペンハーゲンで世界婦人大会が開かれた。更に其の後世界の情勢が再軍備の競争に傾き、平和がおびやかされる形勢に、生命を産み、育て、そしてその幸福を願う心から、世界の平和を我らの手で、と今回の母親大会が開催されることになったのである。

この世界大会の参加者は、互いに言葉や風俗や宗教が違い、国や社会や人種も異なる者たちであったが、ただひとつ、「人の子の母親であること、そして自分たちの子供を戦争の脅威から守り、子供たちに将来の幸福と平和を保障しよう」という共通の熱意に燃えていた。

大会には戦争がもたらした苦悩の数々が各国から報告された。幾百万の母親の涙、幾百万の孤児の苦しみ、数え切れぬ人々が飢えと貧困に追い込まれたこと、どれほど多くの町村が破壊され、またどんなに希望が、才能が、幸福が犠牲にされたか、そしてこれら全ての苦しみから生まれた平和への決意を、一層固くし、その故にこそ世界の母親たちはお互いを知り合い、愛し合うことを学んだ。世界の民衆は互いに敵となる理由は一つもないこと、この世界では誰もが生きる場所を見つけ、平和に暮らして行くべきことを理解しあった。

こうして四日間、昼夜を徹しての話し合いの結論は、要約、次の四つだったと言う。

「(1) 生命を生みだす母親は、その生命を護りぬこう。(2) 女性の協力で戦争を絶対に拒否しよう。(3) 愛と平和の建設に世界中の女性は手をつなごう。(4) これらのことは今日この場だ

第１回世界母親大会の帰途、国交前のソ連に立ち寄り、ソ連国立療養所の前で。最前列の和服姿が母。

け に止まらず、世界中に平和が来るその日まで努力することを誓う」

そして最終日、いよいよ会が終了する夜、「世界の母親たちは別れを惜しみ、人種や年齢を越えて手をつないで会場いっぱいの輪を作り、地球を回るように、平和の歌を唄いつつ幾回もめぐって、別れを惜しんだ」という。（『九十二歳のクラス会』前出）

そのあと、私は母からの突然の連絡に、再度驚かされた。大会の最後の日に、日本の母親たちにソ連の代表から、続いて中国の代表から、日本への帰途、三週間ずつ両国へ招待したい旨の申し入れがあり、即答できなかった母親たちはホテルで急遽協議して、結局母を含む八人の代表がそれを受け、他の十一カ国の人々と共に、総勢七十余人で六週間の新しい旅に出かけるという連絡が入ったのだ。ソ連も中国も、未だ日本とは全く国交が無く、かつての敵国のままだったから、どういうことになるのか、誰しも心配だった。

母親たちは、チューリッヒからプラハに飛び、さらに二日間、汽車を乗り継いでモスクワへ入った。母はこう書いている。

駅からモスクワホテルに向かう途中、大建築が両側に堂々と並び、東京の銀座を遥かに越えた偉観なのに、そこを行き交う婦人たちの服装の何と質素で野暮《やぼ》ったく見えたことか。何の化粧も、パーマも、アクセサリーもない粗末なワンピースを着て、忙しそうに往来している様は、西欧の流行などどこ吹く風である。そのあとホテルで『国家から制限でもされているのか』と聞いてみたら、『いいえ、私たちは制限などされてはいませんが、よりよい国作りに懸命になっている男子に協力して、今は忍べるだけ忍んでいるのです』と。このことは後日見た中国でも全く同じであった。私は日本のことを思い合わせずにはいられなかった。勝った国と負けた国とは言いたくないが、あちらは天然資源の豊かな大国、こちらは貧乏小国、そして、うわべを飾ることに於いては全くあべこべな姿である。

（同前）

黒い羽根運動。筑豊炭鉱閉山地区で

このあと一行は、ラトビア、レニングラードを廻り、美術館、小児病院、ギリシャ正教の教会、農村のコルホーズなどを視察し、それから北京に飛び、ハルビン、鞍山、上海、杭州、南京、香港などで工場や養老院なども見学し、多数の日本人捕虜から日本の家族への手紙まで預かって、一カ月半後に帰国した。私は博多駅に出迎えたが、母は歓迎の人々に即席で力強い挨拶をした。その見違えるように堂々たる挨拶に、またも私は驚いた。母はその後、十年間、福岡県母親連絡会長を務めた。

一九五五年八月に第一回福岡県母親大会が開かれ、八百人の母親が集まった。当時、高度成長下のエネルギー革命で炭鉱の閉山が相次ぎ、中小炭鉱が集中する筑豊地帯などが窮状に陥った。母はその大会で、非人間的な生活を強いられている炭鉱離職者に支援の手を差し伸べることを提案し、満場一致で採択された。そして同年九月、鵜崎多一福岡県知事を会長とし、母もその提案者の一人となり、「黒い羽根運動」がスタートした。私もその頃、赤い羽根ならぬ黒い羽根を胸につけた。この募金活動は幅広い支持を得て、飲み水にも不自由していた閉山炭鉱地帯に、井戸、簡易水道、浴場、電燈、託児所など、多くの施設が作られ、また福岡県内職センターが設立されることとなった。（『光をかざす女たち』福岡県女性史編集委員会、一九九三年）

第三章　さまざまな国と時代の点描

（一九五九年〜一九九三年）

（一）　私の研究事始め、そして「六〇年安保」（一九五九〜六〇年）

私は一九五七年四月に細菌学教室の助手となり、医学博士号ももらったが、研究者としては全く三流だったと思う。何しろキリスト教関係の仕事にずいぶん時間を割いていたから、当たり前のことだった。一九五八年四月に河北（岡）明子《はるこ》と見合い結婚をし、両親が住む家の近くのアパートに住んだが、結婚後も相変わらず、キリスト教関係の雑務で毎晩帰宅が夜中になることに変わりがなかった。

国立予防衛生研究所（以下、予研。現国立感染症研究所）の結核部から、研究者を一人欲しい、と九大細菌学教室に申し入れがあったのは一九五八年の晩秋で、私に白羽の矢が立った。戸田教授の意向を聞いた私は、先生から、家族と相談し、研究所も一度見てから決めることを勧められたが、その場で転勤を決めてしまった。妻はその日、法事のため久留米の実家に帰っていたので電話で知らせた。後日、妻は「青天の霹靂」のような電話だった、と言った。そして私は、翌年三月、身重の妻を実家に預けて、単身上京した。私には研究業績も大して無く、また予研結核部には古参の優れた研究者がいっぱい居たから、私の身分は一番下の研究員だった。

一九五九年四月から一九九三年三月まで、三十五年間、私はこの予研で働いた。入所して間もない頃の或る夜、都内で東大経済学部の隅谷三喜男助教授（のちに経済学部長、成田紛争の調停者としても知られる）を囲んで、学生YMCAのOBたちの集まりがあった。その日、驟雨《しゅうう》でずぶ濡れになりながら私も参加したが、先生の話の内容を実はよく覚えていない。ただ「キリスト者OBは、自分の仕事について実力を持て」と言われたのが耳底に残った。自分でもそれが大切だという痛切な自覚があった。そしてキリスト教関係の活動は当分の間棚上げして、日曜日に家の近くの永福町教会に出席すること以外は、すべてを自分の仕事に集中しようと決心した。

自然科学にも時代の流れがある。医学生物学の基礎研究の歴史の中で、特に二十世紀後半以降で顕著な出来ごとは、「分子生物学」とそれに続く「免疫学」の驚異的な展開である。私の予研での三十五年間は、まさにこの時代と重なり、その奔流の中にあった。その新知識の多くが今の若い人々にとっては常識の範囲になっている。たとえば、文部科学省が定める現行の理科の学習指導要領では、中学二年、三年でDNAが出てくるし、高校の「生物基礎」ではDNAの構造や遺伝情報の発現までかなり詳細に学ぶことになっている。しかしこうした知識は、私が医学部に入った頃には誰も知らないことだった。生化学の授業では「人の身体にはDNAという物質が大量に存在するが、この物質が何をしているかは不明である」と聞いた記憶がある。ともあれ本章では、こうした研究の話は最小限にとどめ、記述する場合は簡単な説明を加えることとし、主として私が科学者として世界を回って見聞したいろいろな時代の断片的なエピソードを、限られた視野からではあるが、オムニバス風に並べてみたいと思う。

私が予研で最初に与えられた課題は、「結核菌を溶かすファージを探せ」というものだった。「ファージ」というのは、或る種のウイルスである。細菌やウイルスはどちらも肉眼では見えず、一括して「微生物」と呼ばれる。細菌は一個の細胞で明らかに生物だが、ウイルスは自力で増殖することが出来ず、細胞に感染して、細胞が持つ種々のしくみに依存して増えるから、ウイルスを「生物と無生物のあいだ」と言う人もある。ウイルスは大別して動物細胞に感染する動物ウイルスと、植物細胞に感染する植物ウイルスと、細菌に感染する細菌ウイルスがあるが、ファージとはこの細菌ウイルスの別名である。どのウイルスも相手の細胞の種類を厳密に選ぶので、私が命じられた課題は、結核菌を選んで感染するウイルスを採取せよ、ということだった。

結論を言うと、私は二カ月後に目的のファージを何種類も分離できた。それ等は、杉並区、世田谷区、板橋区の牛や豚の飼育小屋や、品川区の予研の鶏舎の土の中に居た。当時は都心でもこうした家畜小屋があちこちにあって、このファージはたぶん自然界に広く存在するものであるだろう。以後、私は週日は研究に集中するという原則を守り、一年足らずで沢山の論文を発表できた。

ただ一つの例外は、いわゆる「六〇年安保」の時だ。当時の岸信介首相は、日本を米国と対等の立場に近づけるため安保条約の改定に執念を燃やした。そして一九六〇年一月に「日米新安保条約・地位協定」の調印に漕ぎつけたが、議会で身体を張って抵抗する野党議員を五百人の警官隊を導入して排除し、抜き打ちに本会議を開いてわずか数分で政府案を強行採決した。条約というのは、衆議院を通過すると一カ月たてば自然成立することが決められており、六月十九日に自然成立したあとにはアイゼンハウアー大統領が来日するという段取りだったから、国内は大騒ぎとなり、六月四日の改定阻止ストには五百六十万人が参加したと報道された。連日デモ隊が国会を包囲し、条約阻止の請願デモが続いた。予研の研究者も大勢デモに参加し、私もその一人として何回かデモに加わった。熱気に溢れた長蛇の列が長々と続いた。私は東京の地理には疎かったので、何処をどう練り歩いたのかは良く分からない。デモは、岸首相が「映画館や野球場は人で満員じゃないか。政治家は声なき声を聞くべきだ」と発言したことが報道され、いっそう激しさを増した。六月十日には米大統領秘書のハガチーが羽田でデモ隊に包囲されて立ち往生し、六月十五日には全学連が国会に突入し、樺美智子が圧死した。そしてその翌日、岸内閣はアイゼンハウアーの訪日延期を要請し、ひたすら六月十九日の自然成立を待った。そして改定安保法案は自然成立し、「国会を取り囲んだ約三十五万人のデモ隊からは大きなため息が漏れた」と報道された。

(2) 感染性DNA、そして「キューバ危機」(一九六二～六三年)

一九六二年、私はカリフォルニア大学(ロサンゼルス校、UCLA)の医学センターのフェローとして渡米した。そこには抗酸菌のファージの研究をしているセラーズ博士が居ることを論文で知ったからである。抗酸菌とは結核菌と類似の菌だが、多くは無害で増殖が早く、実験には都合がよい細菌群である。セラーズ博士はたぶん私より十五歳くらい年長の独身女性だったが、ロサンゼルス(以下、ロス)の空港に私と妻と三歳の息子の真を出迎えてくれ、私たちは大学からほど近いサンタモニカのアパートに住むこととなった。私は貧乏だったから家具などは何も無い生活を通したが、ロスでは車が必需品で、ちょうどUCLAでの留学を終え帰国する日本人から大型中古のフォードのワゴン車を購入した。私は日本の免許証を国際免許に切り替えて持参していたが、日本では実際の運転経験が少なく、しかも米国は右側通行で、高速道路の制限速度は遥かに早かったから、運転は私にはむしろ苦痛だった。しかしロスは気候もよく、珍しいものも多かった。たとえば、当時日本には無かったスーパーマーケットというものがあり、そこには目を見張るような多様な商品が並び、アイスクリームの種類も多く、ポップアップ式のティッシュペーパーなども生まれて初めて見た。妻はスーパーで山積みの食料品や生活用品を見て、日本は戦争に負けたはずだ、と呟いた。

セラーズ博士は私に、自由に好きな研究をしてよいと言い、しかもアルバイトの女子大学院生を一人付けてくれた。そこで私はまず抗酸菌ファージを大量に培養して、それからＤＮＡを抽出する仕事から手をつけた。ファージは基本的に同じ構造をしていて、タンパクの殻が核酸（ＤＮＡあるいはＲＮＡ）という遺伝物質を囲んでいる。このタンパクの殻はチューブ状の尻尾を持っていて、その先端で特定の細菌を見分けてくっつき、自分が持っているＤＮＡをその尻尾を通して相手の細菌の中に注入する。注入されたＤＮＡはその遺伝情報に基づいて自分と同じファージを次々に作り、出来上がったファージはその細菌の壁を内側から溶かして飛び出し、さらに次の細菌にくっついて同じことを繰り返していく。だからこのタンパクの殻が無いとＤＮＡだけでは感染も増殖も起こらない。

しかし或る日、私はたまたま行った実験結果に驚いた。寒天平板上に抗酸菌とともに播いた裸のＤＮＡが、殻をかぶったファージと同様に菌を溶かし、沢山の穴をつくったのだ。つまりそれは、殻が無い裸のDNAでも条件によっては感染が起きること、またDNAさえあれば親と同じファージを作るに充分だということを意味していた。今では当り前のような話だが、当時はそうではなかった。ちょうどクリスマスの時期だったので、私はセラーズ博士の部屋に行き、「良いクリスマスプレゼントを上げましょう」と言ってその結果を報告した。しかし博士の答えは「そんなこと、信じられない」だった。無理もない、それは常識はずれのことだったから。そこで立合い実験をやることになった。DNAを分解する酵素は商品化されていたので、それで前処理したDNAと、無処理のDNAをそれぞれ抗酸菌とともに平板に播いて培養したところ、無処理のDNAの方にだけ穴が沢山できた。

セラーズ博士は私にこの結果をシカゴで開かれるアメリカ微生物学会で報告するようにと命じた。博士は研究旅費を一人分しか持っていなかったため、私が独りで行くように言われたのだが、私は、ハタと困った。私は英文の読み書きは何とかできたが、しゃべったり、聞きとったりすることが苦手だったからだ。それは戦争直後、日本中で英会話熱が燃え上がった時に、私はそれを軽薄、無節操と反発して、英会話に背中を向けた報いだった。結局学会では、セラーズ博士に書いてもらった原稿を読みあげたのだが、読み終った途端、座長の有名な教授が、「この発表の内容は大変重要なものだから、少し時間をとって、皆で議論をしよう。ドクター徳永は壇上の椅子に坐ってくれ」と言い、大きな会場の皆に討論を呼びかけた。会場で手が幾つも挙がり、名前だけ知っている有名な学者たちが次々に意見を述べた。そして最後に座長が私に「ドクター徳永、あなたの意見をどうぞ」と促した。しかし私は、会場の議論がさっぱり聞き取れないでいたので、「特にありません（Nothing particular.）」と答えた。満場、爆笑だった。皆、私が英語を聞き取れなかったことをよく分かっていたと思う。現在の日本の科学者たちは、英語がペラペラで、今では考えられない笑い話である。

青息吐息というところだったが、この発表はその後二つの論文となって著名な雑誌に掲載され、私はＵＣＬＡの博士たちの組織（シグマ・ザイ）の会員に推挙された。その頃、分子生物学の進歩は目覚ましく、医学部講堂は毎週のように現れる世界のトップランナーたちの報告に昂奮して沸き立っていた。ＤＮＡの情報をタンパクの情報に翻訳する伝令ＲＮＡ（メッセンジャーＲＮＡ）とか、ＤＮＡがもつ暗号の解読とか、文字通り、日進月歩で進む科学の時代に遭遇して、私は十分に理解できないながらも、日々、昂揚の連続だった。この間、娘が誕生し、民生病院の送り迎えには私の中古車も役に立った。ロス市役所に届けた赤ん坊の名には、セラーズ博士の名をもらってミドルネームに入れ、由希子・マーグレット・徳永とした。

一年後、ＵＣＬＡは私にパーマネントスタッフの椅子の提供を申し出たが、予研の結核部長は一年の延長を許してくれず、私は一年三カ月で帰国の道を選んだ。帰途、ローマで開かれたシンポジウムに招かれ、私はヨーロッパ廻りで帰国した。妻は四歳の息子と赤ん坊の娘を連れて東京に直行しなければならなかった。

滞米中に、世界ではいろいろなことがあった。サンタモニカの公園では当時日本では見られなかった長髪のヒッピー族がたむろしていたが、一番大きな事件はキューバ危機だった。

キューバでは、一九五九年一月に革命が起こり、二月にカストロが首相に就任したが、その後米国との対立が激化し、一九六一年一月には米国とキューバの国交が断絶、四月には米国に支援された反革命軍がキューバに上陸したが、撃退された。そして翌年十月にソ連のフルシチョフがキューバにミサイル基地の建設を計画し、それに対し、十月二十二日、米国のケネディ大統領がテレビの全米放送で、断乎、キューバの海上を封鎖してミサイルの持ち込みを禁じ、米国を挙げて準戦時態勢に入ることを宣言した。

UCLAでも大騒ぎとなった。私たちは最悪の場合、原爆を搭載したロケットが頭上を飛び交うこともあろうかと、首をすくめた。水や食料を備蓄するため、人々はスーパーマーケットに殺到し、店の棚は空っぽになり、出足の遅い私たちはあれよ、あれよと見守るばかりだった。緊張の一週間が続いた。そして同月二十八日、フルシチョフはミサイルの撤去を回答し、危機一髪の状況で世界大戦は何とか避けられ、私たちは胸を撫で下ろした。

私は一九六三年十一月に帰国したが、そのわずか十数日後、一九六三年十一月二十二日に、何とダラスの街をジャクリーンと並んでオープンカーで走行していたケネディが、ビル上層階から銃で射殺された。検挙された容疑者のオズワルドの姿を新聞で見たが、直ぐに何者かに射殺され、真犯人が誰か、闇から闇に葬られた。私は世界のために ケネディの死を惜しんだが、またアメリカ社会の奥の恐ろしさも実感した事件だった。

(3) カリフォルニアから見た「ベトナム戦争」（一九六八～七〇年）

一九六八年十月に、私は再度ＵＣＬＡに、今度は助教授として招聘された。再入国当時のロスの街は、ビートルズのブームで、英会話の練習と思って入った封切り映画館では「イエロー・サブマリン」を上映していたが、ビートルズの歌とアニメばかりで会話の練習にはならなかった。

出国前の日本では、学園紛争の嵐が渦巻いていた。その年の初め、東大医学部でインターン制度廃止などを要求した医学生や研修医のストがあり、学校当局がそれを厳しく処分したため、それに反対して学生が安田講堂を占拠した。それに対し学校が機動隊を導入して排除したことに反撥して、七月に東大全共闘が組織され、多数のノンセクトラジカルを捲き込み、全国の大学へ波及していった。出国前の私にとってもそれは大へん気になることだったが、米国に行ってからは日本のニュースは遅れがちで、学園紛争の情報は少なかった。私はロスで「羅府新報」という日本語の新聞を購読していたが、これにもその記事はほとんど無かった。だからＵＣＬＡの図書館で『朝日ジャーナル』を見付けた時は嬉しかった。毎号その雑誌を通して私は、安田講堂の籠城や放水の様子を知ることができたし、滝沢教授と全共闘委員長との往復書簡を読むこともできた。私の気持ちはもちろん穏やかでなかったが、しかしアメリカで暮らしている者に十分な理解ができるはずもなく、またアメリカ人と話し合える問題でも無かった。

アメリカで大きな社会問題になっていたのは、ベトナム戦争であった。ベトナムは、太平洋戦争の終戦直後の九月二日にホー・チ・ミンがフランスからベトナム民主共和国の独立を宣言した。しかしベトミン軍はフランス軍に敗れ、フランスはインドシナ全土を取り戻した。米国には以前から「一国が共産化すると周辺国にまで拡がる」という「ドミノ理論」の考え方があり、トルーマン大統領はフランスを支持したが、一九五四年、ディエンビエンフーの戦いでベトミンがフランス軍に大勝し、フランス軍は撤退して、ベトナムは北緯十七度を境に南北に分断された。

一九五五年、米国は南ベトナムに軍事顧問団を置いたが、南北対立が激化し、ケネディ大統領が暗殺されたあと、急遽副大統領から昇格したジョンソン大統領は、一九六五年二月、北爆に踏み切り、三月には海兵隊がダナンに上陸し、軍事顧問団も当初の数百人から二十万人近くに膨れ上がっていった。私は少年時代の日中戦争のことを思い出した。日本軍は緒戦に圧倒的な勝利を収めたものの膨大な中国民衆の抵抗の海の中で孤立し、一方蔣介石軍は米・英・オランダなどから軍事援助を受けて、戦争終結の目途《めど》が立たなくなった。ベトナムでも、米軍はベトナム民衆の海の中で、ソ連や中国の支援を受けるベトミンと戦い、泥沼に入り込んで動きが取れなくなるのではないか、と思った。

米軍と同時に韓国軍やオーストラリア軍等も参入し、特に韓国軍は約五万人が七年間も駐留してベトミンと勇敢に戦った。戦死者も多かったが、韓国経済はこのため特需景気で高度成長を遂げることができた。私が気になるのは、韓国兵が山岳地帯など困難な戦場を受け持ったことと、米軍人の約半額の給与を支給されていたことである。韓国兵は最後まで士気高く戦い、韓国政府は今もそれを誇りとしているそうだが、住民の恨みを買う不祥事件も少なからずあったらしい。あの頃、日本は財政支援をしただけで自衛隊が出動しなかったのは、憲法九条が存在したためであろうが、仮に現在と同じ状況であれば、自衛隊もジャングルの中でベトミンと戦うようなことになったのではないか、と思われる。

ベトナム戦争はテレビやラジオが世界に普及してから最初の大戦争であったから、戦争の悲惨さや残虐さは、連日世界に生々しく報道された。そのため反戦の機運が早い時期から高まり、一九六七年にはルーサー・キング牧師を中心にワシントンで反戦大集会が開かれ、「ベトナム反戦帰還兵の会」も結成された。私が二度目の滞米の準備を始めた一九六八年一月、北ベトナム軍と解放民族戦線とが南ベトナムに大攻勢をかけ、サイゴンのアメリカ大使館なども一時占拠されたが、それは「テト(正月)攻勢」と呼ばれ、その一部始終が全米に放送された。この「テト攻勢」や、ナパーム弾や枯葉剤を含むサーチ・アンド・デストロイ作戦の実情報道が世界の反戦世論に与えた影響は大きく、米国ではヒッピー、黒人運動家、文化人、芸能人なども次々に運動に参加した。この機運は世界的拡がりを見せ、日本でも一九六五年にべ平連(ベトナムに平和を!市民文化団体連合)が小田実を代表として結成され、無党派の反戦運動が活発に展開された。

私がロスについたのは、一九六八年十月一日だったが、米軍のベトナム派遣軍は五十四万人に膨れあがっていた、四月にはキング牧師が凶弾に倒れたが、ボクサーのモハメド・アリの徴兵拒否や、ジョン・レノンやジェーン・フォンダの反戦パフォーマンスなどが相継ぎ、UCLAのキャンパスも、こうした反戦活動の一つの拠点であるかの観があった。

この年は大統領の改選の年でもあった。カフェテリアのランチ時の会話でも選挙の話題が多かった。ジョンソンは当初二期目の当選を目指していたが、ベトナム戦争の不評のため、三月末にTVで立候補取り止めを放送した。それを受けて、民主党の大統領予備選にケネディ元大統領の弟のロバート・ケネディが立候補した。彼は有力候補と目されていたが、遊説中の六月五日に、何とロス市内のアンバサダーホテルで暗殺された。私の周囲には、秋になっても怒りや嘆きの声が多く、ＵＣＬＡの学生集会でも、誰かが射殺されたという話を聞いた。銃社会が国や人の運命を大きく変えることの怖さを私も身近に感じた。

民主党候補の指名党大会は、八月二十六日から三日間シカゴで開かれたが、会場周辺で反戦デモが戦争推進派と衝突し、大勢の警官隊が出動してデモ隊を逮捕する騒ぎとなった。ジョンソンは会場内外の混乱を避けて大会に出席できず、十月に北爆の全面停止を発表した。

アメリカの大統領指名には、長い月日がかかる。指名は年が明けて一九六九年一月二十日になったが、民主党のハンフリーを破って、共和党のニクソンが当選した。ニクソンはその後八月までにベトナムから二万五千人の撤兵をし、また大統領補佐官のヘンリー・キッシンジャーを使って和平への道を探った。この年二月にホー・チ・ミンが死去したが、戦争も反戦運動も激しく続いていた。

ロスでの私たちの住居は、在郷軍人病院の広大な緑の庭に面したアパートだったが、背の高いユーカリの樹木が並ぶ芝生の向こうには広い墓地があって、そこで毎日のように戦没者の埋骨が行われていた。礼砲らしい銃声と、楽隊の葬送の音楽が聞こえ、沢山の白い生花が並べられるのを望見するのは、歎かわしくも悲しい日々だった。

私は一九六九年十二月末に帰国したが、其の後一九七一年にキッシンジャーが中国で周恩来と、また翌年二月にはニクソンが毛沢東と会談し、一九七三年一月にベトナムと米国がパリ協定に調印、ニクソンはベトナム戦争の終結を宣言し、三月には米軍の撤退が完了した。

米国がベトナム戦争で受けた人的被害は、動員した二百五十万人の兵士のうち、公式には戦死者五万八千人余だが、人的損害は三十万人とも伝えられ、戦後も帰還兵の心理障碍（PTSD）が続いた。ベトナム側は、米国が大量の新殺戮兵器を投入し、いわゆる「サーチ・アンド・デストロイ作戦」を徹底的に行ったから、その人的、物的損害は測り知れない。


この終戦には多くの問題が残った。米軍撤退後も南北ベトナムの戦争は続いたからだ。一九七五年三月、北ベトナム軍は全面攻撃に転じ、米軍の支援を失った南ベトナム軍は敗走してサイゴンは陥落、四月三十日、無条件降伏をした。米軍に協力して戦い、最後には処刑された南ベトナムの人たちの末路は惨《みじ》めであった。こうして一九七六年七月一日、南北ベトナムは統一してベトナム社会主義共和国が樹立され、サイゴンはホー・チ・ミン市と改名された。

其の後、一九九一年、ソ連の崩壊の頃からベトナムと米国は逆に接近を始め、一九九五年に国交を回復、二〇〇〇年には通商協定が結ばれ、中国を意識してのことであろうか、軍事面でも接近しつつある。それを良くないと言うわけでは決してないが、変転極まりない国際情勢の狭間で、翻弄される人々の悲劇は尽きそうにない。

ベトナム戦争は、トンキン湾事件を契機に米軍が本格的に介入した一九六四年から一九七五年まで十年余も続いたわけだが、この間世界では、他にもいろいろの事変があった。たとえば中国の核実験（一九六四年）、文化大革命（一九六六年～一九七六年）、第三次中東戦争（一九六七年）、日本の成田・三里塚闘争（一九六八年）、アポロ十一号の月面着陸、中ソ国境紛争、安田講堂の攻防（一九六九年）、連合赤軍浅間山荘事件（一九七二年）、第四次中東戦争（一九七三年）など、枚挙に暇が無いが、特筆すべきは日中関係で、一九七二年九月には、周恩来と田中角栄が日中共同声明を発表し、種々曲折ののち、一九七八年八月に日中平和友好条約が調印され、相互尊重、相互不可侵などが約束された。

（4）フィリピン、インド、ネパールの点描　（一九八一年）

一九七九年、私は予研結核部長に任命され、日米医学協力の結核部会長にもなり、毎年のように日米間を往復するようになった。そして一九八一年一月から二月にかけてアジアの結核事情の視察のため、フィリピン、シンガポール、インド、ネパール、タイへ出かけた。

最初にマニラのＷＨＯで打ち合わせをし、ホテルへの帰途、公園の一隅に格子付きの地下壕があるのに気付いた。戦後日本兵捕虜の一群が軍事裁判にかけられるまで閉じ籠められていたと書かれていた。戦後三十数年が経ち、私はこの草むした地下の穴で暮らした兵隊たちのことを思った。そして私が少年時代に尊敬していた母方の叔父の吉岡盛男のことを思い出した。彼は京大で天文学を専攻したが、禅宗の大徳寺に起居し、徴兵された後も一兵卒として幹部候補生となることを肯《がえん》ぜず、中国で十年近く転戦したのち、最後はこの公園から近いマニラ湾入り口のコレヒドール島の守備隊長となり、戦死した。年老いた祖父母のもとには遺骨すら戻らなかった。

私はそのあと公園のベンチで一休みしたが、馴れ馴れしく話しかけてきた二人の幼い姉弟がいた。痩せたその子たちはしきりに母親に会ってほしい、と私に頼んだが、それが客引きだと気付いて、私は駄菓子を与えてホテルへ退散した。この子供たちも、戦争の悲しい傷跡の一つと思われた。

インドではマドラスの結核研究所で講演をし、ニューデリーに出て政府役人と情報交換をしたあと、週末に「タージ・マハル」を見に行ったが、西欧で見た壮大な建築とはまた違う立派さに感動した。その前にデリーで訪ねた「赤い城（Red Fort）」の思い出も忘れ難いものがある。私は輪タクに乗ってホテルから「赤い城」まで行き、車夫に賃料を払ってから、城門が閉まる時間を確かめておきたいと思い、入り口の案内板を見に行った。それには英語で「Open:Sunrise, Close:Sunset.」

インドの街路で（1981年）

（日の出開門、日没閉門）と書かれていて、時間は書いてなかった。いつも時計を気にしてセカセカと動き廻っている東京と違って、ここでは大自然の流れと共に時間がゆったりと流れている。それは道の中央を悠然と歩いている水牛や象にも、道端で寝て居る老人にも感じられた。死ぬ、ということさえも、大自然の一部のようであった。

二時間ほどかけて大きな城を見て廻り、門を出た私は、其処に別れたはずの輪タクの男が待っているのを見て驚いた。彼はたぶん、何処へ行っても仕事が無いのだろう。私は彼の車に再び乗ったが、懸命にペダルを踏む彼は何度も咳をし、痩せた肩を震わせた。明らかに肺結核だ、と私は思った。そして道端の食堂で一緒に簡単な夕食をした。彼が興味を示した私の仁丹をケースごと渡したが、彼は喜んで口笛を吹きながら雑踏の中に消えて行った。これも何となく悲しい思い出だ。そしてその晩、私は、あの夕食のせいであろう、激しい下痢をしてしまった。一九八一年のことで、現在のインドとはずいぶん違うと思うが、戦争直後の日本と同様に、貧しく、結核菌や赤痢菌などが蔓延していた頃のことである。

飛行機でヒマラヤを越えて、ネパールに入ると、ゆっくりした時間は一層ゆっくりと流れている感じがした。インド人は議論好きでアグレッシブな印象を受けるが、ネパール人は表情も会話も穏やかだった。しかし困ることもあった。或る朝、私は奥地のポカラを訪ねるため首都カトマンズの空港に定刻に行ったのだが、「今日の航空便は大臣が乗って行ってしまったので、また明日来てみてくれ」と言われて、ホテルに戻らねばならなかった。

時間の感覚だけでなく、環境も随分違う。カトマンズのホテルはネパールでも一流の立派なホテルだったが、毎晩停電が何度もあった。或る晩、カトマンズ在住の海外青年協力隊の若者たちが数人集まってくれて、夜更けまで大いに語り合った。彼等の苦労の一つは、それぞれがネパール人の家に泊まり込んでおり、ネパール言葉がよく分からぬことだった。ホームステイというと日本の若者には人気があるが、アメリカやオーストラリアでのステイとは大違いで、言葉が通じないだけでなく、環境も習慣もまるで違う。ある女性隊員は、家族の人達と気持ちが通じ合えないと口惜しさに半泣きだったたし、ある男性隊員はひどいアメーバ赤痢にかかっていた。彼等の献身的努力のおかげで、日本は国際的な評価を維持できている。彼等が無事に任務を果たして、元気で日本に帰ることができるようにと心から祈った。

翌日、ネパールの結核協会や中央病院などを訪ねたあと、海外青年協力隊の看護師隊員が街を案内してくれた。そして「カトマンズは一年の半分が雨季で、毎日雨が降り続く。ほとんどの家の床いっぱいに泥水が流れ込み、飲み水も下水も一緒になってしまう。病気が拡がらないわけがない。診療所の薬では追いつかない」と嘆いていた。彼女のおかげで私は、普通の旅行者なら行けないような場所、たとえばラマ教の寺院にも案内された。不思議な極彩色の曼荼羅の絵が壁一面に描かれていて、私が見たアメリカのプロテスタント教会や、カトリックのバチカン宮殿や、イスラム教のブルーモスクなどとは大きく違うものだった。地球上には、異質な宗教と文化を持つ人々が沢山いる。この地球上で、すべての人々が平和に暮らしてゆくためには、よほど広い視野と、受容の精神が必要だ、と改めて思った。

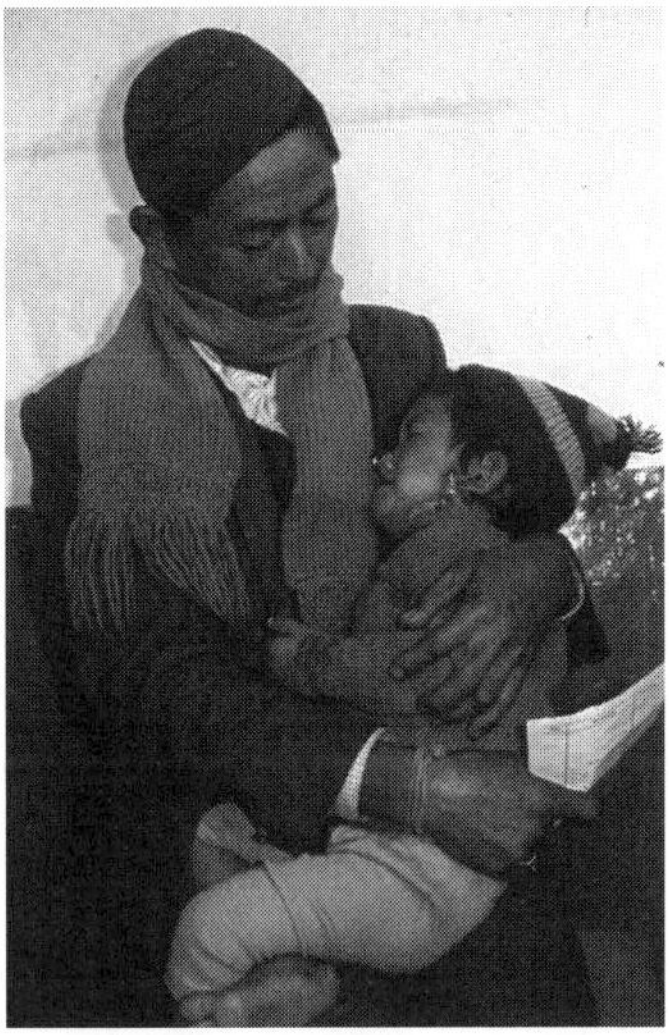

ネパール　頸部リンパ腺結核。撮影：海外協力青年隊員 馬場新子看護師

数日後、私は奥地のポカラへ飛んだ。そ

の晩泊った「魚の尾」という名のロッジは、ポカラでは一番のホテルだと思うが、湖の中の小さい島にあり、その島へ行くには一人で筏に乗り、島と岸の間に張られている綱を自分で引っ張って筏を動かして渡るのだった。ロッジの受付で三十センチもあろうかという木製の大きなカギをもらって部屋に入ったら、床は地面のままだった。それでも部屋にはシャワーがあったので、下から紐を引っ張ると、天井に取り付けられた箱が開き、ジャーッと箱の中のお湯が一回だけ落ちてきて、それで終わり。戦時中の質素な生活に鍛えられていた筈の私も、寒くて震えてしまった。しかし翌朝の景色は、真っ青な湖に雪をかぶったアンナプルナの山々が影を映して、最高に神秘的だった。

ポカラの結核診療所は日本が寄贈したもので、梅村典裕という日本人の医師が一人働いていた。彼は愛知県の結核予防課長をしていたらしいが、日本からポカラの診療所に寄贈されてきた顕微鏡や遠心機などは、停電のため使えない、と両国のギャップを嘆いていた。

ネパールは、早くから日本キリスト教海外医療協力会（JOCS）が医療伝道を始めたところで、初代は岩村昇夫妻だった。ネパールの主な病気は結核だが、山また山のヒマラヤの国で、患者の多くは病院へ行くのに山坂を越えて三日以上かかる。岩村夫妻は薬を携えて、朝暗いうちから崖を降り、吊り橋をわたり、また崖を昇って、村から村へ、命がけで巡回診療をしたらしい。ポカラはその拠点の一つだった。

岩村さんのあと、やはりクリスチャンの伊藤邦幸医師が来て、さらにエベレストに近い山の中のオカルドンガに診療所を作った。彼は「山のあなた」というカール・ブッセ作、上田敏訳の詩を読み替えた詩を作っている。ブッセの詩は「山のあなたの空遠く　幸《さいわい》住むと人のいう。ああ、われひとと　尋《と》めゆきて、涙さしぐみ、かえりきぬ。山のあなたになお遠く　幸《さいわい》住むと人のいう」であるが、伊藤医師の読み替えた詩は、「山のあなたの空遠く、患者の住むと人の言う。ああわれ人と尋ねきて、したたる汗に、溜息《いき》つきぬ。山の彼方になお遠く、患者の住むと人の言う」であった。伊藤医師は、その後ネパールに四回も派遣されて、四回目に現地で病気で亡くなった。彼は自分の死を覚悟して、こう書いたという。「われは、オカルドンガのため、オカルドンガはネパールのため、ネパールは世界のため、そして、すべては神のため」。

(5)　癌ＢＣＧ療法の盛衰　（一九七三〜八三年）

私は一九七〇年に結核部のツベルクリン室長に任じられた時以降、細菌の研究から生体側の免疫の研究に入り、特にマクロファージの研究に力を注いだ。マクロファージというのは、身体の中に入り込んだ微生物などに対して、速やかに出動してそれを捕えて退治しようとする骨髄由来の大型の細胞で、私はその後国際シンポジウム等も歴訪し、『マクロファージ』（講談社、一九八六年）という著書も出版できた。

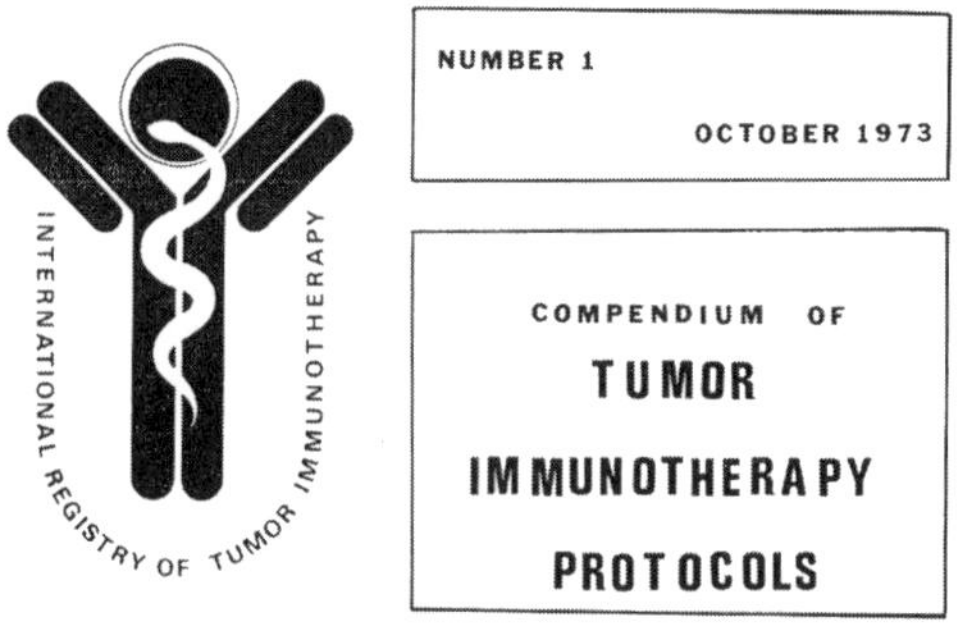

癌免疫療法プロトコル集　第１号の表紙（1973年）

その頃アメリカの国立癌研究所から、ＢＣＧをモルモットの腫瘍内に注射すると、腫瘍が潰れ、転移まで抑えるという情報が入ってきた。ＢＣＧとは結核菌類似の抗酸菌だが、凍結乾燥したＢＣＧは、結核の予防ワクチンとして広く世界的に使用され、予研結核部は製品の国家検定を受け持っていた。だから私の研究室でもマウス腫瘍を使ってこの癌に対する効果を追認した。間もなく世界の癌の臨床家が、使い慣れたＢＣＧを用いて、雪崩《なだれ》を打って癌ＢＣＧ療法の臨床研究を始めた。私は一九七三年に文部省から派遣されて、米国の癌免疫療法の現状を視察したが、折りしもワシントンの国立癌研究所に「腫瘍免疫療法に関する国際登録オフィス」が設置され、初年度には八カ国から登録された計五十のプロトコルを集めて冊子が発行された。その冊子は実際に登録した臨床家の手にしか渡らぬものだったが、幸運にも私はその第一号を貰い、以後毎年出される冊子を十年間にわたって受け取ることとなった。そのためはからずも、この一大プロジェクトの凄まじい興亡を見届ける立場にもなった。

私自身は基礎医学者なので、ＢＣＧの作用機序の基礎研究に集中したが、此処では研究の話は省略しよう。一九七八年に私は科学技術庁から派遣されて、今度はイギリス、フランス、ドイツ、イタリア、スイス、オーストリア、デンマーク、ハンガリーの癌免疫療法の現状を視察に出かけた。各国とも、ＢＣＧ療法が熱気を帯びてピークに達していた。しかし中には、大量のＢＣＧを使い過ぎるものもあって、免疫力が低下した患者ではＢＣＧ感染を起こす危険があることも報告されていた。そして十年の月日が流れ、一九八二年にプロトコル集の第十号が出され、やがてプロジェクトの総括が行われたが、それを要約すると、ＢＣＧ療法は副作用が強く、効果の方は統計的に有意差が出ない、という否定的なものであった。余談だが、この大プロジェクトのリーダーは総括のあと急死し、自殺のうわささえあった。私は、世界を席巻して過熱するＢＣＧ療法の昂揚期の熱気も、それが十年後に燎原の火が消えるように消えてゆくのも見た。現在ＢＣＧは膀胱癌の治療には使われているが、その他の癌に用いられることは無い。急激な世界的ブームと急激な衰退というものは、色々な領域であると思うが、癌ＢＣＧ療法もその一つで、その栄枯盛衰は、壮大な歴史のドラマを見ているかのようであった。

(6) 中国の斑蝥《はんちゅう》と癌の物語 (一九八二年)

「楊鳳文《ようほうぶん》」と、その小柄な老婦人は流暢《りゅうちょう》な日本語で名乗った。たしか一九八一年だったと思う。彼女は予研の結核部長だった私の部屋をノックして、「自分は癌の免疫療法に興味があり、北京からやってきてこれから金沢大学へ溶連菌《ようれんきん》製剤の勉強に行くのだが、BCGについても知りたくて、予研に寄った」と言った。そこで私は一通り、BCGの抗癌作用の基礎的な機序などを話して、その日はそれでお別れした。

一九八二年二月に、予研の宍戸《ししど》所長が私たち三人の若手部長を連れて、北京の薬品《やくひん》生物制品検定所と上海の衛生防疫始や医科大学などを訪問した。北京に到着した晩、私たちが泊まった大きなホテルに、検定所の李河民《りほうみん》所長が挨拶に来られた。出迎えた私は、李所長の堪能な日本語にも驚いたが、所長が質素なシャツに素足で靴という姿で、大きな西瓜を一つぶら下げて立っているのにも驚いた。そして私たちは西瓜を食べながら親しく話し合うことができた。彼は自分のことは余り話したがらないように見えたが、台湾出身で、東京で医学を勉強した医者だった。戦争中は日本を離れて中国大陸に渡り、中国共産軍に投じたが、戦後は台湾出身の医師ということもプラスの条件と認められたらしく、党でも重要な地位に就いているようであった。

私は、波乱万丈の彼の生涯に思いを馳せながら、十七年前の一九六五年に、ＷＨＯから派遣されて台湾の結核事情を視察に行った時のことを思い出していた。その頃の台湾は、中国国民党の支配下にあり、戒厳令が布かれていた。私に対応してくれた偉風堂々たる軍医の将校は、蔣介石と共に台湾に移った中国人だった。私が台北を訪ねた頃、中国本土では既に前年に『毛主席語録』が出版され、また中国最初の核実験が行われていたが、彼は毎朝悠然と床屋でひげを剃らせて大《たい》人《じん》の風格があった。一方その訪問中、毎晩私を囲んで酒を交わした衛生関係の人々は皆台湾人で、日本統治下で育ったため日本語ができたが、中国の統治には或る違和感を、また過去の日本統治には明らかに親近感を持っているように見えた。

私が一九八二年に北京で李所長と西瓜を食べた時代も、台湾は依然として戒厳令下にあり、国際的には中華人民共和国の一部と認められてはいたが、台湾海峡を挟んでのトラブルは深刻に続いていた。そしてその中国大陸では、一九六六年から約十年間、文化大革命の嵐が吹き荒れ、一九七六年には事実上終結したが、それが人心に与えた痛みは随所に残っているようだった。私は、日本民族だけでなく、中国でも、台湾でも、その他世界中の国の人々が、それぞれ異なる巨大な運命の奔流の中で、浮き沈みしながら懸命に生きていることを、しみじみと思った。

北京での最初の朝、私たちは生物制品検定所を訪れたが、私は其処で、室長となっている楊鳳文女史と再会した。旧交を温めて私たちは語り合ったが、私はそこで彼女の数奇な半生を聞くことができた。彼女は、満州医大を卒業後、戦争中は日本軍に対する抗日放送のアナウンサーとして、重慶で活躍したらしい。戦後北京に移り、衛生部の医師として働いた。ところが文化大革命の際、彼女が日本語を話すことを咎められて、紅衛兵らに捕えられ、投獄されてしまった。その獄中で、彼女は自分の舌に癌があることに気がついた。彼女は医師として斑蝥という甲虫に制癌作用があることを知っていたので、その甲虫を手に入れて、そのエキスを獄中で自分の舌癌に注射したという。「その結果がこれです」と彼女は自分の舌を私に見せたが、癌塊はきれいに無くなっていた。彼女が先年日本に癌免疫療法の調査に来たのは、自分自身にとっても切実なことだったのだ。

私は彼女の話にいろいろ興味を持ったが、別れに際してその昆虫を分けてくれ、と所望した。彼女は快く、その晩二十四ほどの乾燥した斑蝥と、エキスの抽出法を書いたメモをホテルに届けてくれた。

東京に戻った翌日、私はその昆虫を予研衛生昆虫部の安富和男博士に見てもらった。博士はその昆虫が日本にはいないハンミョウの一種で、古来中国では王侯の毒殺に用いられたものだ、と教えてくれた。博士の古い辞典には何と、「それを飲むと、七転八倒して死ぬことができる」と書いてあった。

私は或るメーカーに、その乾燥昆虫の主成分の分析を頼んだ。それは強い起炎作用を持つ薬局《やっきょく》方《ほう》のカンタリジンであることが分かった。私はモルモットの腫瘍内にカンタリジンを注射してみたが、強い即時型の炎症反応が起こって紅く腫れ上ったものの、腫瘍への影響は見られなかった。もしかすると、斑蝥にはカンタリジン以外に何か有効物質があるかも知れないとも思った。

話は飛ぶが、私は一九九二年、予研の所長だった時、「日本医事新報」から依頼されてエッセイ欄に、亡くなった楊女史のことを書いたことがある。その文章の最後に私は、「斑蝥の入った小さな容器は、いまも私の本棚の中にある」と記した。しかしそれから更に二十四年が過ぎた今も、楊女史から貰った斑蝥のプラスチック容器は私の書斎の本棚の中にある。容器を開けてみると、頭部と尾部と体の中程に三本の黒い縞がある明るい茶色の一センチ半ほどの、美しい甲虫が、昔と同じように入っていた。

（7）DNAの新しい働きの発見（一九八四〜九四年）

人の癌BCG療法は後退したが、私は動物実験で使い方によってはBCGが強い癌抑制作用を示すことを確かに見ていたので、BCGの菌体から、副作用が無く、有効で、しかも水に溶ける成分を抽出できないか、と考えた。その頃、三井製薬から私の研究室に来ていた島田静雄研究生にその実験を頼んだが、彼は三井の仲間とともにBCGをいろいろな成分に分け、マウス腫瘍を使って効果をテストしてくれた。そして何と、BCGのDNA分画にその作用があると報告してきた。当初、私はその結果を信じられなかった。何故なら、DNAは人間を含むすべての生物に共通の遺伝物質であり、化学組成も同じである。だからDNAを注射して生体に強い反応が起きる筈がないと思った。しかし同僚の山本三郎主任研究官らを中心に検討をしてもらうと、確かにBCGのDNAが、動物の腫瘍を縮小させ、また試験管の中でマウス細胞のインターフェロン産生を促し、NK細胞（natural killer cell）やマクロファージのような癌細胞を攻撃する細胞を活性化することが分かった。私たちはこうした事実を一九八三年以降、英文誌に次々に報告し、このDNA分画を三井のMと予研のYをとってMY－1と命名した。しかし国内、国外の研究者の見方は、当初の私の疑念と同じく懐疑的、否定的なものが多く、私たちをクレージー（頭がおかしい）と言った著名な研究者も一人や二人ではなかった。

種々の安全性テストを経て、ＭＹ－１の無作為対照臨床試験が行われた。一つはメラノーマ（悪性黒色腫）を対象に、石原和之博士（国立がんセンター）を中心とする全国三十施設のグループによって、もう一つはＡＴＬ（成人Ｔ細胞白血病）に対して熊本大学医学部皮膚科などのグループによって遂行された。その結果多くの奏功例が認められ、比較的安全性も高く、使いやすいと評価された。そこで三井製薬は一九九〇年に厚生省薬務局にＭＹ－１の製造承認を申請した。

私は一九八八年から予研の副所長になっていたので、私企業との癒着の誤解を避けるため申請とは距離を保ち、一切の関与を避けていたが、薬事審議会の結論は不承認であった。その理由は、製品の規格化が困難であることと、ＤＮＡ製剤は世界で前例が無いこと、であったという。実際には規格化は比較的容易な筈だが、世界に前例が無いことはその通りであった。後年『「抗体医薬」と「自然免疫」の驚異』（岸本忠三、中嶋彰著、講談社、二〇〇九年）という本の著者は、「もしこの申請が認められていれば、日本は自然免疫の医療への応用を世界に先駆けて進めていたかも知れない。」と記している。努力が空振りに終わった三井製薬は、その後二〇〇一年に、ドイツのシエーリングに吸収合併され、さらに続いて、バイエルに買収されてしまい、結局ＭＹ－１は姿を消してしまった。私はこの経緯を何も知らなかったが、製薬業界の世界も、激動の時代だ、ということは十分に分かった。

私は基礎研究者であるから、このＤＮＡが持つ強い作用の理由を知りたいと思った。そこでまずこの作用が、ＢＣＧのＤＮＡに特有のものかどうかの検討を、山本三郎博士に依頼した。山本は種々の動植物からＤＮＡを集めてマウス脾細胞と共に培養し、インターフェロンの産生と、ＮＫ細胞の活性化の有無を調べてくれたが、その結果も驚くべきものだった。ＢＣＧ以外の多くの細菌やウイルスのＤＮＡはすべて強い活性を示し、またカイコ、ウニ、エビ、カイなどのＤＮＡも、弱いながら活性を示したが、サケ、ニシン、マス、ニワトリ、カエル、マウス、ウサギ、ブタ、ウシ、ヒトなどの脊椎動物のＤＮＡは全部陰性だった。またイネ、トマト、パセリ、ホウレンソウなどの植物のＤＮＡにも活性が認められなかった。

何故か？　私たちはその解釈に苦しんだが、まず、ＤＮＡが持つ四種の塩基の並び方の中に鍵がありはしないか、と考えた。その頃、政府の対がん十カ年総合戦略事業という大プロジェクトがあり、私は十年間その免疫分野長を務めて、ＤＮＡ合成機の使用が可能だったので、同じ長さで塩基配列が異なるＤＮＡを十種類合成して、その活性を測定してみた。何とそれら十種のうち五種が強い活性を示し、残りには全く活性が無かった。このことは、塩基の配列に決定的な意味があることを示していた。そこでこの十種類の塩基配列図を拡大して壁に貼り、その壁紙を見上げて配列の違いを考える日が続いた。一方山本十糸子研究員は、油滴（リポソーム）を用いて六塩基という小さな合成DNAの活性を測定する方法を考案した。こうして精力的な追究の結果、DNAが活性を持つためには、C（シトシン）とG（グアニン）という二つの塩基がCGの順序に並ぶことが決定的で、その両側の各二塩基の配列を含めた六塩基が重要であることが結論された。私たちはその一連の有効な配列をCGモチーフと名付けた。一方、脊椎動物のDNAではCの多くに小さなメチル基がくっついていることが以前から知られていたので、CGモチーフのCをメチル化Cに置換してみると、活性が無くなることも確かめられた。

永年、遺伝物質としてだけ考えられてきたDNAが、生体の免疫応答を引き起こす機能を持っているという事実は、世界の免疫学者を刺激し研究の輪は急速に拡がったが、CGモチーフがどうして細胞を活性化するのか、細胞側の機構は永らく不明だった。しかし二〇〇〇年に大阪大学の審良《あきら》静男教授らが、或る種の細胞の膜上にDNAのレセプターがあることを突きとめ、さらにDNAがそのレセプターに結合したあと、細胞内でインターフェロンなどが作られる機作をも解明しDNAによる免疫強化の理論的裏付けを完成した。

生物の進化の過程を考えると、高等な脊椎動物にとって、微生物や下等動物のDNAの侵入は

カロリンスカ研究所のノーベルフォーラムに招かれて、ノーベル像の前で（2003年）

自己のDNAとの間に組み替えなどの変化をもたらし、種の存続を脅かす可能性があろう。だから脊椎動物は、自分のDNAとは微妙に違う下等動物のCGモチーフをそのレセプターで識別して、それを排除する機構を備えているのであろう。進化というのも不思議な仕組みである。CGモチーフの応用研究は、現在、癌だけでなく、アレルギーや感染症等さまざまな分野で、免疫増強物質などとしての追求が世界各地で盛んに続行されている。

私は予研所長を退官して以後、研究からは完全に離れたが、その後も二〇〇三年にスエーデンのカロリンスカ研究所のノーベルフォーラムに招かれて、この免疫強化DNAについて講演をする機会が与えられた。またこの研究は思いがけなく、さらに十年後の二〇一二年に、高松宮妃癌研究基金の学術賞を与えられた。

研究について思うことだが、自然科学者の間で、「セレンディピティ（serendipity）」という言葉を耳にする。辞書を引くと、「あてにしないものを偶然にうまく発見する才能」とある。確かに「発見」と言われるものの中には、幸運に恵まれて、偶然に出会った事柄に固執して発展するものが少なくない。一九六二年の感染性ＤＮＡの発見も、この免疫強化ＤＮＡの発見も、多くの人々の支援協力のおかげが大きいが、やはり「セレンディピティ」の産物だった。

(8) コロンビアの黒い十一月（一九八五～八六年）

一九八五年十一月、私は予研の細胞免疫部の部長となっていたが、ＪＩＣＡの「コロンビア国中央医学研究所プロジェクト」のためコロンビアへ出掛けた。団長は大谷明ウイルス・リケッチア部長（のちの予研所長）で、私のほかにＪＩＣＡの医療協力課の職員が同行した。当時、成田からコロンビアへ公用で行くには、安全のため外務省からの指示があって、まずロサンゼルス経由でマイアミに飛び、それからコロンビアの首都ボゴタへ入るので、ずいぶん時間がかかった。プロジェクトの目的は中央医学研究所の研究活動を、特に遺伝子工学と免疫学の領域で強化支援す

ゲリラの襲撃を受けたコロンビアの最高裁(1985年)

ることで、その面での仕事は順調に進んだが、コロンビアではその十一月のわずか一週間の間に、立て続けに大事件が二つも勃発し、新聞の見出しには「黒い十一月」と書かれていた。

一つは、私たちがボゴタに到着する十日ほど前、十一月六日に起こったゲリラによる最高裁判所襲撃事件だ。ゲリラは三十六人、中型トラックに大量の機関銃、自動小銃、手榴弾を積み、検問をかいくぐって、最高裁の地下に滑り込んだという。彼等は地下にいた警官を射殺し、銃を乱射しながら階段を駈けあがって四階建ての庁舎を占拠し、庁舎内の約二百人を人質として、大統領に交渉に応じるよう要求したらしい。この左翼ゲリラのリーダーは、五年前にもドミニカ大使館を襲って五十九日間立てこもり、百万ドルを獲得してキューバに亡命した人物らしかった。そして今回もトラックに三十日分の食糧を積んでいたという。

しかし政府の対応は五年前のドミニカとは一変して、大統領は交渉を拒絶し、三千人の兵士で最高裁を包囲し、陸軍特殊部隊が屋上に降下し、十台を越す戦車のロケット弾砲撃で正面扉を撃破して強行突入した。裁判所の建物は火炎に包まれ、ゲリラは追いつめられて、最高裁長官と十一人の判事を射殺し、最後はダイナマイトを自分の身体に巻きつけて自爆したという。犠牲者は約百人と発表された。

私たちは到着の二日目にボゴタの中心の観光地でもある広場から、目の前の最高裁庁舎の無残な姿を見た。銃を持った兵士が要所に立ち、官庁にも機関銃が置かれ、日本大使館の窓ガラスも防弾ガラスになっていた。コロンビアのゲリラにはいろいろな組織があり、今回のM19と呼ばれる民族主義的ゲリラのほかに、ソ連派のコロンビア革命軍や、毛沢東主義の革命人民軍や、キューバ派の民族解放軍などがあると聞いた。帰国後に読んだ朝日新聞の特派員の記事は、ゲリラが生まれる南米の政治や社会条件を詳しく伝えていた。

もう一つの事件は、ゲリラ鎮圧の一週間後、私たちの到着の三日前にコロンビア中部に大地震が突発し、ボゴタから二百キロ南のアンデス山の町アルメロで、標高五千四百メートルの火山が噴火し、その火山灰と雪解け水が巨大な泥流となって麓に押し寄せて町を呑み込んだ。ボゴタの新聞「EL TIEMPO」はスペイン語なので記事は読めないが、大きな絵と写真は被害の甚大さを想像するに十分だった。カラーの大きな三枚の絵は、午後の九時二十分と、十一時半と、十二時のアンデスの山々とアルメロを上空から俯瞰した形で描かれており、アッと言う間に市全体が埋まってしまったことが分かる。死者二万四千七百四十人、負傷者五千四百八十五人と伝えられた。その間も各地で、ゲリラと政府軍の戦闘が続いた。

私たちは、JICAのプロジェクトに関する視察報告書を大使館のJICA事務所に提出し、帰国の前日の十一月二十四日に大使館公邸で行われた大使主催の昼食会に臨んだ。日曜日だったが、日本から緊急にやってきた「国際救急援助隊」の先遣隊の人達も同席し、彼等の歓迎会と私たちの送別会を兼ねた形だった。私ははるばる駈けつけてくれる三十五人の外務省、消防庁、警察庁、医師、看護師らの専門家たちに、深い感謝を覚えた。日頃日本では気付かないことが多いが、どの時代にも見えない所で外国の人々のために働いている日本人がいるのだ。その蓄積の上に、日本という国が信頼を得ているのだ、と痛感した。

その半年後、一九八六年の七月に私は再び、今度は団長としてボゴタを訪れた。中央医学研究所でのプロジェクトの状況を視察し、予研から派遣滞在していた若い研究員とも合流して多忙な日程だったが、半年後のアルメロの状況も大使館員から聞くことができた。半年前の日本の医療チームは、現地で多くの人の脚を切断して命を救ったが、今後緊急に必要なことは、沢山の「車椅子を日本から送る」ということだった。

（追記）本書の最終校ゲラを出版社へ返送した直後、二〇一六年十月七日に本年度のノーベル平和賞がコロンビア大統領に授与されることが報道された。一九六〇年代から五百万人以上の国内難民を出し、「現代で最も長い内戦の一つ」と言われたコロンビア内戦が、まだ問題を抱えているとは言え、半世紀ぶりに和平の緒に着いたのだ。激しい動乱、戦乱が続く地球上で、希望の灯の一つとして今後の発展を祈りたい。

（9）行政とエイズ、そして「難民の群」（一九八八〜九三年）

一九八八年、私は予研の副所長となり、さらに三年後には所長に任命された。国家公務員の定年は六十歳だが、副所長と所長は特別職と呼ばれ、定年もそれぞれ六十三歳、六十五歳まで延長されて、仕事は研究より行政が主体となる。私が副所長に任命されたその日に、机上には総理府行政監察局から予研内部組織や要員に関する約二百枚の質問書がドサリと積まれ、私はその後三年間、総務庁と折衝を続けることになった。

予研が持つ行政的役目としては、ワクチンや抗生物質の国家検定とともに感染症対策があり、そのためのレファレンス機能と同時に、各県の地方衛生研究所や保健所、またＷＨＯやＣＤＣ（米国の疾病管理予防センター）等との緊密な連携業務が必要であった。

このほか、一九八六年に厚生省ライフサイエンス室が所管するヒューマンサイエンス振興財団が誕生し、予研にはそれと連携する任務もあった。従来の予研は民間との癒着を避けるため、企業と距離を保つことが鉄則とされていたが、国際競争の激化に伴い、この財団が産官学の共同研究の推進・調整の場となり、私は設立時から三つの研究分野の一つの「生体防御分野」の分野長に任命され、副所長、所長時代にもこの仕事が継続していた。また部長時代の研究関連の仕事としては、対がん十カ年戦略事業の免疫分野長の仕事も継続したが、これは副所長の義務というより、自分が望んだ仕事であった。

さらに新しい任務として、一九八八年に予研にエイズ研究センターが新設され、副所長がセンター長を兼務することとなった。もちろん多忙のため実験や研究をすることは不可能だが、新設センターに研究の主役となる室長の定員を得ることが困難だったので、私は腸内ウイルス部、免疫部、病理部、血液製剤部、ウイルス中央検査部の五部から研究者を集めてセンターに五室を作ることや、エイズという新しい病気に恐怖を感じる人々のために地方に講演に出かけ、また殺到する質問の電話への応対などに追われた。

エイズという病気が一九八一年に初めてアメリカで報告された当初は、麻薬常習者や同性愛者に多い不思議な病気と考えられたが、エイズの研究は目を見張る速さで進み、二年後には、病原体としてのウイルス（ＨＩＶ）がフランスで同定された。ＨＩＶはヒトのＴリンパ球の中で増えるので、感染した人は次第に免疫系が衰弱し、永い経過を辿って死に至る。当時は有効な薬剤が無く、調査の結果病気は世界的に拡がっていて、十年余りの間に見出だされた患者数は、百八十七カ国、八十五万人を越えると報告され、二〇〇〇年には感染者数が四千万人になろうと予測された。それは実に、第二次世界大戦の死者の二倍に相当する数であった。

日本で最初に患者が報告されたのは一九八五年のことであり、予研のエイズ研究センターがスタートした一九八八年には一般の人々の恐怖感がピークに達していて、私の机上の電話は鳴りっぱなしだった。たとえば、「銭湯（風呂屋）は大丈夫か?」「蚊は?」「電車の吊り革は?」「クシャミは?」といった具合だった。実際のエイズ感染のルートは、「性交」と「出産時の母子感染」と「ＨＩＶ陽性血液の輸血」の三ルートしか無い。私は「大丈夫ですよ」と懸命に答えたものだ。現在日本では献血時のＨＩＶ検査も完備し、血液製剤による感染ルートは無くなっている。ＨＩＶの増殖を抑制する薬剤も使用可能となり、感染者は徐々に増加しているものの、死亡は抑えられていて、人類存亡の危機は回避された感がある。
エイズという病気は、最初の報告以来未だ三十五年にしかならない新しい病気だが、この間のエイズとの戦いは極めて大がかり、かつスピーディで、世界に蓄積された人類の科学知識が総動員され、さらに医療以外の社会制度やＮＰＯの活動も実に見事で、感染症の歴史の上では、天然痘の撲滅に次いで、人類の輝かしい一ページを見るような気がした。

エイズと直接の関係は無いが、その後こういうこともあった。一九九三年三月末に私は予研所長を退官して自適の生活を送ったが、その年の十一月に大谷明元所長がＪＩＣＡのトルコプロジェクトの評価委員長をされ、私も評価委員の一員となり評価報告書を書く業務を担当した時のことだ。このプロジェクトの目的は、トルコがワクチンなどの生物製剤を自力で生産できるように日本のノウハウを提供することで、既に片岡哲朗や岩佐三郎など、予研ＯＢのベテランたちがアンカラでその指導に当たり仕事は順調に進んでいた。私はプロジェクトの成果に加えて、トルコと日本の技術者同士の友好な人間関係や、一日三度、市の中心から大音量で流れるコーランに合わせて人々が跪いて礼拝する様子が強く印象に残った。帰途イスタンブールの保健所に立ち寄り、所長から保健行政の話を聞いたが、その中で「最近、イスタンブールでエイズが急速に増えている。その原因は多数の人がロシアから流入するためだ」と聞いて、いささか驚いた。

ソ連は、私にとって、近い国でありながら、訪ねたことのない遠い国でもあった。ソ連は第二次世界大戦でドイツと戦い、終戦間際に満州に侵攻して日本の敵国となった国だが、私の青年時代には、ドストエフスキーやチェホフなどの小説や戯曲が愛読され、文化的影響が大きかった。また河上肇などの入門書で、戦争の原因の一つが国際的な軍需産業ビジネスにあるという理解にも、ソ連の影響があったであろう。そのソ連は、戦後急速に米国と並ぶ大国となり、冷戦の大波に日本丸も大きく揺れ動いたことは前述した。

一九五六年、フルシチョフはスターリンを批判し、硬直化したソ連を社会主義のワク内で自由化、民主化することを企てた。私が最初にＵＣＬＡに行った頃はフルシチョフの全盛時代だったが、間もなく党官僚の抵抗で失脚し、ソ連国内の混迷が深まった。一九八五年、共産党のゴルバチョフ書記長が、再度、同様の自由化、民主化を宣言し、日本でもペレストロイカ（再構築、改革）とか、グラスノスチ（情報公開）というロシア語が日常会話に出るようになった。この「雪解け政策」は、一九八九年の「ベルリンの壁の破壊」へと繋がり、またハンガリー、ポーランドなどの東欧諸国の自立へと向うこととなった。ゴルバチョフは大統領ポストを新設してソ連の統制を維持しようとしたが、バルト三国も独立し、ワルシャワ条約機構は解体され、一九九一年八月のクーデターで大統領はクリミアに軟禁された。このクーデターは失敗に終わったが、大統領は共産党の活動停止を指示し、その年の十二月、ソ連から独立した十二共和国による独立国家共同体

（ＣＩＳ）が設立され、彼は大統領を辞任した。こうして革命以来七十四年続いたソ連は崩壊し、クレムリン屋上の「鎌と鎚の赤旗」が下ろされ、「白青赤の三色旗」が掲げられたのだった。

ソ連の崩壊は世界中に大きな影響を与えた。西側諸国の左翼政党に混乱をもたらし、米国の一極世界支配は決定的なものとなった。その結果、多くのユダヤ人労働者がイスラエルに移民したが、イスラエルではその支持によって左翼労働党のラビンが首相となり、一九九三年にはパレスチナのアラファト議長との間にオスロ合意ができて、彼等は一九九四年度のノーベル平和賞を受賞した。

しかし表舞台には登場しないが、このソ連崩壊の時代に、民衆の混乱や困難は大変なものがあったと想像される。ソ連時代には、独裁統制政治による不自由や恐怖があったが、一方宇宙開発や軍事面ではソ連は米国と対等の強大な国となり、社会保障も或る程度整備され、質は低くとも最低限の生活が保証されていた。しかしペレストロイカ以後、市場経済は進んだが、ロシアの国際的影響力は弱まり、民衆の生活の格差も拡がり、西側へ脱出する人々が増加した。

私たちが一九九三年の秋、イスタンブールで聞いた「エイズを持ち込んだロシアから流れてくる人々」というのも、その実体は私には分からないが、こうしたロシアを脱出した難民の群だったかも知れない。そして状況は違うとは言え、今も中東から、またアフリカから、トルコへ、更にＥＵ諸国へ、夥しい難民が押しかけている。イスタンブールでのエイズの話を通して、世界の政治や軍事の表舞台の裏側で、いつの時代にも生まれる無数の無辜《むこ》の民の尽きぬ苦悩に想いを馳せたことであった。

(10) 危険な病原体、そして「住民運動」（一九九八～九三年）

私が予研の副所長、所長をしていた時に、平時には無い特別な問題として、研究所の新宿への新築移転があった。この問題にはさまざまな見方があろうし、今さらそれを取り上げるのかという意見もあろうが、当事者の立場からの報告は他に見当らないから残すべきだとの声もあるので、書いておくこととする。

私は副所長に就任する直前の一九八八年三月に、大谷副所長の命で、初めて新築移転先の住民との討論会に出席し、問題が予想以上にこじれているのに驚いた。それまで私は、細胞免疫部の部長として世界の国々を飛び歩いていたから、新築移転問題については、申し訳ないことだが十分に理解していなかった。その討論会のあと、三月末で予研を去る林滋生所長が、ぽつりと私に「僕は燃え尽きたよ」と言われたのが印象に残った。四月から新所長になる大谷副所長からは「今後住民への対応は君が中心でやってくれ」と言われた。

そもそも予研が設立されたのは、終戦後間もない一九四七年五月である。戦争末期から戦後にかけて、日本では伝染病が蔓延し、戦後ＧＨＱは米国のＮＩＨやＣＤＣをイメージして、厚生省に対し研究所の設置を勧告した。そして東大伝染病研究所の約半数の人員を移し、目黒駅に近い元海軍大学校の建物を使用して予研がスタートした。その後、ウイルス関係三部を中心に武蔵村山市に支所が作られ、また薬剤等の国家検定に必要なサルの繁殖を主とする「予研霊長類センター」がつくば市に誕生したが、本体は目黒の海軍大学校跡に残り、庁舎の老朽化が進んで、業務にも支障を来たす状態となった。

厚生省は、直轄の三研究所（予研と国立栄養研究所と国立病院管理研究所。以下、三研）を一体として庁舎を新宿区戸山の国立病院医療センター（のちの国立病院国際医療研究センター）に隣接する国有地に建築する計画を立て、一九八五年に「三研合築事業」として予算化し、一九八六年夏には、整地工事に着手、近隣の早稲田大学（以下、早大）や戸山地区住民への説明を行った。当初は日照などの問題のやりとりだったが、通常の建築の場合とは違い、予研が扱う病原微生物や放射性物質の危険性をめぐる議論となり、問題がこじれ、一九八七年には予研のＰ３施設（危険度の比較的高い病原微生物を扱うために、排気などに特別な装置を備える施設）の設置に反対する「予研安全対策期成同盟」（近隣在住の主婦を主体とする。以下、期成同盟）や、予研の移転そのものに全面反対の「予研の新宿移転問題協議会」（以下、協議会）が組織され、新宿区議会も動かして反対運動を展開した。隣接する早大も反対を表明し「予研対策委員会」を組織した。新聞や週刊誌も移転に批判の記事を載せ、反対の輪は急速に大きくなった。そこで予研は、私が副所長に任命される以前のことだが、一年半工事を延期して、大幅に設計を変更した。現在の戸山の感染研（予研は一九九七年に名称を、「国立感染症研究所」と変更した）の建物は高い部分で四階という新宿では珍しく低層の建物で、地下に大きな部分を抱える構造となっているが、これは住民の要求に応えてこの時に変更したものであった。こうした経緯ののち、一九八七年九月に、新宿区長、町内会長、戸山ハイツ自治連合会会長の立会いのもと、期成同盟と予研所長との間で「協定書」が調印された。内容は、地震等の災害時の緊急措置や、住民が推薦する学識経験者、区衛生部、保健所、消防署等のメンバーを含む「安全連絡協議会」がP3施設等の点検を定期的に行うなどというものだった。

一九八八年三月、私が最初に出席した住民説明会では、新たに結成された「早稲田住民の会」（以下、住民の会）の人々から強い抗議の発言があった。この新組織は一週間で一万人もの反対署名を集めるほどの行動力を示した。一方、当時既に栄養研究所の管理棟は撤去され、職員はプレハブで仕事をしており、早急な新築移転を要望していた。また国会で承認された予算は執行期間に限度があり、工事契約に基づいて一部は既に着工していたから、計画を白紙に戻すことができぬだけでなく、早急な実施を迫られていた。

人口密集地に危険な病原体を持ちこむことは、いくら安全と言われても不安だ、という一般の人の心配は十分に理解できた。しかし反対者の中には危険性を極端な形で誇大に宣伝し、「予研から排出される微生物が毎日住民の食卓に降りかかる」とか、「本来、絶海の孤島で行うべき研究を街中で行う怪しからぬ行為」とか、「予研は満州で細菌兵器などを作った覆面部隊の末裔《まつえい》だ」などと書きたてる人までいた。私はこうした悪意や無知は別にして、「期成同盟」や「住民の会」のような人々こそ、予研が移転後に新宿で活動する場合、その使命を理解し支持してくれるであろうと本気で考えていた。だからまず「期成同盟」との約束を誠実に実行すると共に、「住民の会」にはこちらから出かけて行って丁寧に話し合おうと考えた。

「住民の会」と二回目の話し合いの日、私は昼に京都で退《の》っ引《ぴ》きならぬ行事があり、終了後礼服のまま新幹線に飛び乗り、住民の会のメンバーが経営する新宿の喫茶店に駈けつけた。高橋三男衛生昆虫部長も同席してくれたが、住民の参加者は二十五名で、話し合いは夜七時から十一時まで続いた。不測の事態を心配して労務者風に変装した刑事が途中まで隅の方で監視していたようだったが、話し合いは住民が持参した菓子をつまみながら、立地条件や厚生行政などについて熱心に行われた。一週間後の三回目の会も同様に夜十二時まで続いたが、その結果「住民の会」主催の「厚生省・予研と戸山移転計画を検討する会」を公開で開くこととなり、翌日彼等は六千枚のビラを配布した。以前配布したビラには「新宿を『誰も住めない町』にしないために」というスローガンが印刷されていたが、今回は『集まる事』が私たちの『言葉』です」となっていた。

私は一九九一年、所長に任命されたが、反対運動は熾烈《しれつ》に続き、「協議会」関係の人々は裁判に持ち込んだ。早大からは総長が公印を押して所長宛てに三回も抗議文が届き、さらに早大予研対策委員会や文学部長名で繰り返し反対の意志表示があった。その一つ一つにも私は所長名で返答をし、さらにそれら遣り取りの全文書を、「住民の会」とのやり取りも含めて、予研の「学友会報」に順次掲載し、公開した。それは移転に反対する人たちにも、研究者にも、マスコミの人たちにも、正確な情報を知ってほしいと思ったからだ。学友会報には、その後も私は何度か寄稿して、時には住民側の思いの代弁をした。一方、「住民の会」の代表は、公開検討会の席で「国の側は医療保健の研究という国政の観点から問題を提起するし、住民は地域の生活環境という立場で問題を感じる。両者がそのまま言いっぱなしということでなく、国の方は国政の問題ではあるが、しかし地域の生活環境に対する影響については住民が疑問に思うことに答える。住民の方も、国政の問題はなかなか分かりにくいが、説明を聞いて納得すべきところは納得してゆく、という姿勢が大切」という趣旨の発言をした。この代表は最後まで移転に賛成はしなかったが、彼のこうした意見に私も全く同感であった。

当時、早大は三派系学生の本拠地で、彼等は成田空港での他派の大がかりな活動に対して、予研移転反対闘争を突破口に首都騒乱を企図しているという情報が伝えられた。昭和天皇の病状が悪化し、当局も過敏になっていた。過激派が火炎びんを投げるとか、高速道路に坐り込む、といった話は繰り返し伝えられ、中には私の自宅に放火するという話まで入ってきた。その頃、私はテレビや週刊誌の取材もしばしば受けたが、悪者の親分みたいに報道されたこともあった。

移転予定地に文化財や人骨が出たこともあって、工事は永いこと中断したが、プレハブ住まいが永い栄養研究所や老朽化した病院管理研究所はしびれを切らしていたし、建築業者は資材を抱えて立ち往生し、身の安全を守ってくれねば工事はできぬと訴えた。厚生省と建設省は文化財の処置が終わると同時に着工に踏み切ったが、その日、道路を塞いで妨害に出た学生のバリケードを大機動部隊が一気に押し破り、学生たちを全員逮捕した。意外な事の成り行きに私は一時言葉を失くしたが、それは一九八八年末のことで、昭和天皇の崩御が迫っており、諸行事や放送なども自粛していた時だったから、首都の治安を守るために必要な処置だ、と言う人が多かった。

戸山ではそれ以後も不穏な状態が続いたが、一九九二年夏、建物はほぼ出来あがり、八月下旬に所管が建設省から厚生省へ移管された。栄養研究所と病院管理研究所は、新庁舎のシステムが三研共用を前提に一元化して作られているため、予研が同時に入所することを切望した。一方、早大や住民からは、坐り込んで実力阻止するとか、火炎びんを仕掛けるとかいう声が大きく伝わり、「協議会」は仮処分申請を次々に出すという情報もあった。早大文学部長名で私宛てに「万一、強行移転の場合は、どのようなとりかえしのつかない不幸な事態がおこるか、よくよくお考えいただきたい」「あらためて貴職の納得のいく決然たる対処を期待する」旨の文書が届いた。

予研は病原体や放射能で既に汚染されている物品や動物を旧庁舎から新宿に持ち込むという風評も広まり、大手運送業者からは妨害を恐れて運送をキャンセルしたいとの意向が伝えられた。マスコミの間でも移転は不可能という見方が強くなり、予研内部からも旧庁舎に「籠城をせよ」と勧める声もあった。

しかし私は決心して次の七項目の指示を出した。（ｉ）八月末に移転を開始する、（ii）その時期を速やかに地域住民に公表する、（iii）移動する病原体は必要最小限とし、国際規約等を基礎に詳細に作成した予研のガイドラインに厳密に従う、（iv）発火性、引火性、爆発性のすべての化学薬品、またすべての放射性物質、そして特別な系統マウスを除くすべての動物は、規定に従って処理ないし廃棄し、現有の当該物は戸山庁舎へは搬入しない、（ｖ）警備は、機動隊や警察に要請することはせず、自分達でそれに当たる、（vi）約二カ月で移転完了を目途とするが、引越しの遅延に備え、検定検査等の業務の支障を最小限にするため、あらかじめ対策を講じる、（vii）移転終了後、目黒旧庁舎の跡地の清掃、安全処理を完全に行う、の七項目である。あとから考えると、大げさで厳重に過ぎると思う人もいるであろうが、当時、社会の目は特別に厳しく、妨害のための火炎びんや運搬車転覆の可能性も想定される中では、どれも必要な指示だったと思う。

全職員がこれらの指示を守り、一致して奮闘努力する様子は、私には感動的ですらあった。動物実験は、八月末までに、ワクチン製造に必要な一件を除きすべて終了し、実験中の動物は予研に一匹もいなくなった。夥しい廃棄物の薬品が旧庁舎の前庭に集められ、連日のように指定業者のトラックで運び出され処分された。放射性物質を使う実験も次々に打ち切られた。必要最低限保管が必要な病原体は、プラスチックの一次容器に入れ、九メートルの高さからコンクリート上に落としても割れない二次容器にパッケージし、三次容器の大型フリーザー等に詰め、責任者が内容をチェックしたあと鍵をかけ、容器全体にバンドをかけシールで封印するという手順をとった。

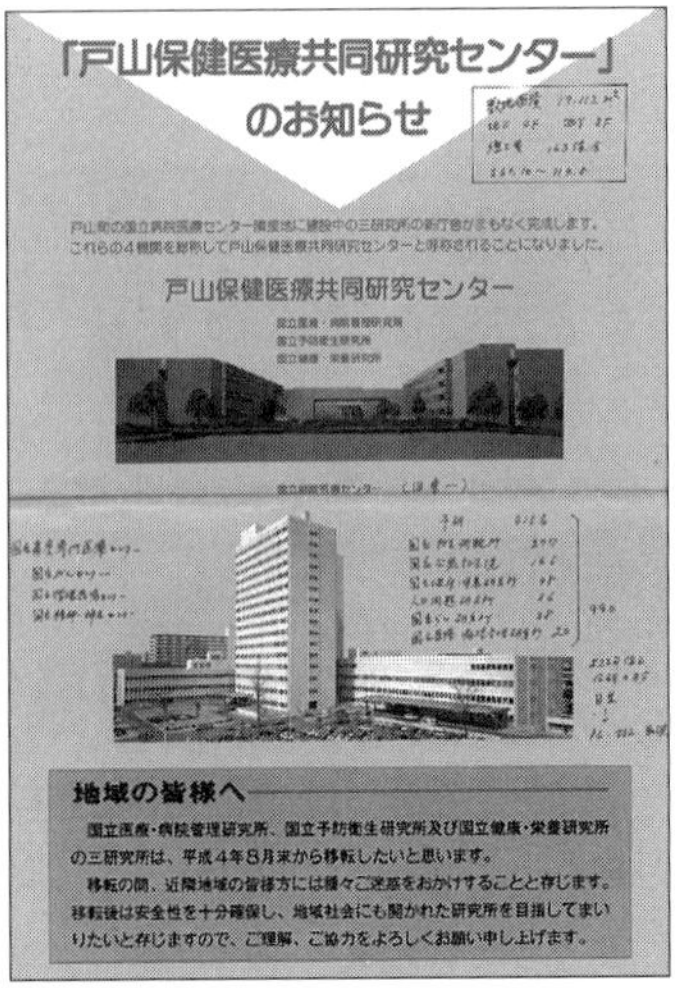

新宿移転時の新聞折込（カラー４つ折りの第１頁、1992年８月）

これと同時に私は、新聞折り込みの大きな美しいカラー印刷のビラを作り、地域へ移転の公表をした。私としては単なる移転の通知ではなく、三研が隣接する国際医療センターと協力して、国民の健康のためにこれから大いに働くという積極的な姿勢を示したいと思い、「戸山保健医療共同研究センター」という文字を随所に大きく印刷した。これら三研究所と国立病院とはそれぞれ厚生省の中の所属部局が違っていて、そういう仮称を使うことは通常なら許されないことだが、私の頼みを当時の寺松尚保健医療局長が全面的に支持してくれ、省の関係者全員を集めて了解をとってくれた。一方私は、ＷＨＯ事務局長を含む三十名の著名な国内国外の保健医療のリーダーたちに「国民の健康と医療の向上及び国際医療協力の前進のために戸山保健医療共同研究センターの発展を期待します」というメッセージへの署名をお願いした。署名すれば自分も非難される可能性があることを覚悟の上で、全員が署名して下さった。こうして出来上がった三万五千部のビラは、移動開始の前の週に新聞折り込みにして近隣一帯に広く配布された。

この間私は、国会の委員会、大臣室、議員会館、記者クラブ等で平時の研究所長なら味わえぬさまざまな経験をさせてもらった。そして厚生省と三研は、八月二十八日に多数の報道関係者を新庁舎に招き見学会を行い、三十日から待機中の二研究所が移動を始め、予研は九月七日に移動を開始した。その日、上空をテレビ局のヘリが飛び、地上には緊迫した空気が張りつめたが、予研は自主警備に徹し、テレビ局の中には非難ではなくＰ３施設の安全性を報道してくれた局もあった。私は移動二日目に新庁舎の所長室に移り、連日、マスコミ関係者、国会や区議会の議員等へ応対しながら移転の指揮に当たった。住民や早大教職員、学生らによるデモはあったが比較的小規模で、「住民の会」は抗議集会には参加したが、デモには参加せず、少しずつ理解が進んでいることが知られた。連日、予研からは多数のトラックの列が高速道路を目黒から新宿へ向かったが、妨害や事故は無く、移転は当初の予定通り十月二十一日に完了した。私は記者会見をして、二十三日からＰ３施設を安全に運転開始することを公表した。国外からの危険な病原体の侵入のリスクが常にあったからだ。

多くの人が案じた激突は起こらなかった。予研移転禁止等差止請求訴訟は一九八九年三月に地方裁判所に提訴され、二〇〇一年に棄却されたが、同年更に東京高裁へ上訴、二〇〇三年に再度棄却され、直ちに原告団は「実験等差止請求」を最高裁へ上告したが、二〇〇五年、最高裁はその上告も棄却した。私は一九九三年三月に予研所長を定年退官したので、直接裁判に関与することは少なかったが、顧みれば、被告も、原告も、ともに大変なエネルギーを消耗した年月であった。私もこの五年間、東京の外に出たことはほとんど無く、国外へは一度も出かけなかった。当時依頼されたエッセイに、通常の引越しならどんな大所帯でも引越しに過ぎないことを想い、「たかが、引越し。されど、引越し。」と書いたが、それは実感であった。

私が新庁舎の所長室に移動した直後の一九九二年九月に、地方衛生研究所から随筆を頼まれて「地研ニュース」に書いた報告がある。

秋に想う

「昨日、夏なりき、さるを、今し秋」とボードレールは歌ったが、ふと気が付けば、私の周囲にも秋色が深い。この夏は残暑が厳しかった。しかし私は余り暑さを感じることも無く多忙な日々を送った。

新宿の戸山に三研合築が決定してから、多くのトラブルが続き、既に七年余りが経過したが、漸くこの夏にほぼ完成に近づき、八月二十五日には庁舎の管理が建設省から厚生省へ引き渡され、予研所長が直接の責任を負うこととなった。しかし移転に際しては種々の妨害が予想され、激突は避けられないと見る人も多く、移転不可能とする声さえあちこちで聞こえた。（中略）私としては、極力激突を避けつつ、何とか無事に移転を完了させるために、この夏は全力を尽くした。（中略）引越しはほぼ順調に進行し、物理的な衝突は無く、所長室は既に移転を終わったところだ。抗議の集会などは今後も続くと思われるが、戸山への移転は十月二十日頃にはほぼ完了の見通しである。

それにしても、この七年半の紛糾は、何であったのか。その原因として、立地条件や手続きの問題なども指摘されてはいるが、何と言っても病原体や遺伝子研究の安全性に対する外部の不安が中心であった。そしてこの種のトラブルは、現に二、三の地方衛生研究所を含め、わが国のあちこちで発生しているし、今後も発生する可能性がある。国民の健康を感染症から守るために、病原体の研究や検査は、これからも大いに進めてゆかねばならぬので、この状況は放置できぬことである。今後病原体を取り扱う研究所は、（1）施設設備、つまりハード面の整備と、（2）安全管理規定や運用マニュアルや術者の訓練などのソフト面の整備を十分に行うとともに、（3）研究内容や運用の実際が、何らかの形で第三者にチェックされ、周囲からも安心して受け入れられる体制を作ることが必要である。またさらに（4）病原体や遺伝子の研究について、正しい知識をわかりやすく普及する努力も、今後の科学者の務めの一つと思われる。また一歩進めて、（5）何らかの国のガイドライン（広義の）を設け、一研究所と地域住民との間で紛糾が頻発するパターンでなく、このガイドラインが確実に守られているかどうかという視点から安全性が確認されるべきであり、さらにこのガイドラインについても、科学の進歩に即応して、客観的な検討が続けられるべきであろうと思う。

なお、病原体の取り扱い施設等に関して簡単に追記しておこう。予研の移転以前の一九七九年に国際伝染病の患者を収容する高度安全病棟が都立荏原病院に、また一九八一年に実験室診断を行う高度安全実験施設が予研村山分室に建設された。後者の稼動には周囲住民の反対が根強くあったが、その後厚労省や予研（一九九七年以降は感染研）と住民との協議が繰り返され、二〇一五年八月に塩崎厚生労働大臣と藤野武蔵村山市長の間で了解に達し、この施設はエボラなどのP4レベル病原体の取り扱い可能の施設として大臣指定を受けた。新宿区の感染研の施設は一段階危険度の低いP3レベルの施設であるが、今後外国との交流がさらに進むに伴い、P3、P4レベルの施設が地方にも整備される必要があるだろう。

「ガイドライン」については、一九八一年に施工された「予研病原体等安全管理規定」がわが国の対策の先導的役割を果たしたが、その後、厚労省、学会、関係諸機関等での検討が進んだ。たとえば日本細菌学会からは、二〇〇八年に詳細な『病原体等安全取扱・管理指針』が出版され、また国立国際医療研究センターが中心となり、ウイルス性出血熱の疑いがある患者発生時の医療機関の対応も整備された。また民間の例としては、任意団体としてスタートしたバイオメディカルサイエンス研究会（バムサ）が、二〇〇〇年にNPO（特定非営利活動法人）に認証され、大谷明（元予研所長）、続いて小松俊彦（新宿移転時のバイオセーフティ管理者）理事長のもと、感染症、特にバイオセーフティ技術について、公衆衛生分野の産・官・学・民への支援・啓発活動を行っている。

もちろん、いかに設備が完備され、マニュアルが整備されても、リスクがゼロになることは無い。倉田毅（移転時、病理部長。のちに感染研所長）氏の言う「魂の入った対応が必要」であると共に、実験室の安全性確保はもちろんだが、危険な病原体は実験室の外に棲息するので、たとえばTPPにより自由化される輸入食品や、オリンピックの人の流れなどにも安全性の視点からの厳しい注意が必要と考えられる。

一九九三年三月、私は予研の若い研究者の要望を受けて、予研新庁舎の講堂で最終講義を行い、直前に日本細菌学会から頂いた学会賞受賞講演とほぼ同じ内容の話をさせてもらった。また厚生省の寺松局長からは、「君には確かな運動論があった。君が所長でなければ、移転は不可能だった」と過分の言葉を頂いた。庁舎の外壁は未完成だったが、私の退任に合わせて、三月二十六日に落成式が行われ、その日、私は三十五年間、働かせてもらった予研にお別れをした。庁舎の庭の咲き初《そ》めた桜の花の下で、私には深い感謝とともに、林元所長が言われた「燃え尽きたよ」という言葉が、何かしらしみじみと思い出された。

第四章　女子教育の現場で

（一九九四年～二〇一二年）

(一) 変えてはならぬもの、変えねばならぬもの

予研を辞めたあと、好条件で誘ってくれた企業もあったが、私はすべて辞退して自適の生活を選んだ。娘夫婦が近くに住んでいたが、若い夫婦は仕事が忙しく、一人娘の結《ゆい》を保育園に預けていたので、時に母親の帰りが遅くなる日は、私が幼い孫を保育園に迎えに行った。結は元気な子で、公園などで一緒に遊んだりするのは楽しい時間だった。『がんと生体防御』という編著の本を、東大出版会から出したのもこの頃だった。

そんな或る日、私は福岡女学院から「院長として帰って来てくれないか」という誘いを受けた。私は三十五年前に福岡を離れ上京したが、それから十年余りが経った一九七二年に、もう福岡へ戻ることはあるまいと思い、杉並の家を建て増し、福岡に住んでいた両親を招いて、妻と三人の子供の計七人で暮らすこととした。その後父は一九七八年に、母は一九九〇年にどちらもこの家で他界し、私はその手を握ってお別れすることができたが、その後子供達もそれぞれ独立し、福岡女学院から招きを受けた時は妻と二人住まいだった。私はこの申し出に驚いたが、ほかならぬ福岡女学院は医学部の学生だった私をキリスト教へ導いてくれた学校であり、それが出発点と

なって、その後の人生のすべてがあったという感謝の気持ちを忘れたことはなかったので、「私で宜しければ」とお受けすることとした。そして福岡で人生の最後を迎えるつもりで、一九九四年の春浅く、永い東京生活で親交があった沢山の人たちにもお別れをして、妻と二人、福岡のマンションへ移り住んだ。

就任時、福岡女学院は創立百九年の歴史をもち、幼稚園、中学、高校、短大、大学のほか、生涯学習センター、寄宿舎等も擁する女子の総合学園で、大学以外は全部福岡市南区曰佐《おさ》のキャンパスに位置していた。理事長は非常勤で、事実上院長に学院全体の運営責任があり、また幼稚園長も兼務することとなっていた。

私は院長に就任して五月に迎えた学院創立記念日で、ラインホルト・ニーバーの有名な「祈りの言葉」を言い換えて式辞とした。ニーバーの「祈りの言葉」とは「神よ、変えることのできるものについては、それを変える勇気を与えたまえ。変えることのできないものについては、それを受け入れる冷静さを与えたまえ。そして、変えることのできるものと、変えることのできないものとを、識別する知恵を与えたまえ。」というもので、私はかねて「変えることのできないもの」とは、たとえば「人は死ぬ」というようなことであろうと思っていたが、当日私はこの「変えることのできるもの」を「変えなくてはならぬもの」に、「変えることのできないもの」を「変えてはならぬもの」に読み替えてこう祈ろうと呼びかけた。「神よ、変えねばならぬものについては、それを変える勇気を与えたまえ。変えてはならぬものについてはそれを守り抜く力を与えたまえ。そして、変えてはならぬものと、変えねばならぬものとを、識別する知恵を与えたまえ。」と。

　変えてはならないものは、多くはないと思った。それは建学以来綿々と受け継がれてきたキリスト教の愛に基づく教育である。そしてそれは歴史の古い中高をはじめ、学院全体としてしっかりと守られていると思えた。そして幼稚園長でもあった私は園庭に立って、幼い子供とその親たちから新しく多くのことを学ぶことができた。園長職を堺幸子副園長にバトンタッチするまでの八年間、毎月保護者宛てに書いた「園だより」の巻頭の短文を、『喜びを力に』という本にまとめて梓書院から出版することもできた。

　一方、変えねばならぬものは、山ほどあると思った。少子化が進み、学校経営は困難な時代になっていた。改革は、まず苦境に立つ短大の改組から始め、教員たちと協議を重ねて、一九九九年に二学科を改組転換し、大学の教員の一部を加えて、四年制の「人間関係学部」を新設した。

自著『喜びを力に』(2005年)

このため私は日帰りで二十回も上京して文部省との折衝に当たったたが、この新学部は短大英語科とともに学院の発展に大きく貢献してくれた。

一方既存の大学は、一九八九年の開学時に福岡市内での新設が政令によって禁じられていたため、止むを得ず小郡市《おごおりし》に人文学部として発足していた。しかし小郡は交通が不便で一部定員割れを生じ、政令も解除されたので、小郡キャンパスを撤収、福岡市の曰佐キャンパスへ統合することとした。私は二年間、教員や学生にはもちろん、市役所、市議会、地元有力者、いくつかの学生寮のオーナーなどへのお願いや説明に奔走した。教職員の全面的な協力のおかげで移転は無事完了し、学院全体が一つのキャンパスに結集して、教職員の意気も上がった。一方、撤退という負のイメージを避けるため積極策をとり、新しく大学院をスタートさせ、都心の天神に一般市民のための天神サテライトを開設し、またテレビの久米宏のニュース番組にPRスポットを入れるなど、新しい活動にも力を入れた。小郡市の跡地処理もでき、その後大学は好調に発展を続けた。

二〇〇五年に古賀市にある国立病院機構の東医療センターから、付属看護学校を閉鎖するので、あとを福岡女学院が引き受けてくれないかという申し出があった。当時私は、学院の常勤理事長になっていたが、国立の組織と私立のキリスト教系の学校が手を組むことは前例が無く、敷地が遠隔の古賀市にあることもあって躊躇《ちゅうちょ》したが、看護はキリスト教女子教育にとって大事な領域と思われたので、国立東医療センターのキャンパスの一部を借用して、看護大学を新設することに踏み切った。私は専任の学長に指名され、二〇〇八年四月から毎日高速道路を運転して古賀市に通勤することになった。不慣れで苦労も多かったが、何より幸せだったのは、小規模な新設大学だったので松岡緑学部長をはじめ教職員や学生の全員と苦楽を共にすることができたことだった。そして四年後に看護大学は完成年度を迎え、一期生の全員が国家試験に合格し、また全員が優秀な病院等に就職でき、メディアからも優秀校として全国でも高位にランクされたので、一安心して計十八年も世話になった福岡女学院を辞した。気がついたら、八十四歳になっていた。

(2) 生徒、学生に語る

高校の卒業式で　(二〇〇七年三月)

皆さん、卒業おめでとう。私は数年前から、卒業が近い生徒の聖書に「凛として花一輪」という字を書いてきました。今年も百冊余の聖書にその字を書いて、夜には教室へ戻しましたので、受け取ってくれたことと思います。

この「花一輪」という言葉は私自身の言葉ではなく、秋元春馨さんという人の言葉です。秋元さんは福岡女学院が英和女学校と呼ばれていた明治時代の卒業生で、今年百九歳になられます。私が院長になりたての頃、古い時代の同窓生が東京郊外の救世軍ホームにおられると聞いてお訪ねしたのですが、その時秋元さんは百四歳でした。私が「今朝は何をしておられましたか」とお尋ねしたら、「毎朝、習字をしていますよ。だけど練習すればするほど下手になりますよ」と言って朗らかに笑われました。とても明るくユーモラスな方でした。「あの頃、みんなで野の花会という会を作っていましたよ」という話もありました。そこで私が「その会で何をなさっていたのですか」と尋ねたら、「皆でおうどんを食べていました。その頃おうどんは一杯一銭で、私はいつも二杯食べていましたよ」と、また朗らかに笑われました。それで私も気楽に「どうしてその会に『野の花』という名前を付けたのですか」と尋ねました。すると、秋元さんは、私がびっくりするくらい毅然とした態度で、即座に、きっぱりとこう言われました。「花、一輪。何処へ行ってもたいしたことはできないが、心ない人には踏みつけられるが、心ある人には喜ばれる」。私はその毅然とした言葉と姿勢に、ハッとしました。そして学校に帰ってから、その「花、一輪」という言葉に「凛として」を付けて、「凛として、花一輪」という話をあちこちでするようになったのです。

皆さんは高二の時、学校の中心になって学院祭の企画運営をしましたが、その時選んだテーマが「凛」でしたね。この時皆さんは「凛」という字が入った銀色の百合の花のポスターを作りましたが、それは今も院長室の壁を飾ってくれています。「凛として花一輪」を座右の銘にして

生徒が作ったポスター（2005年）

いる卒業生も何人もいると聞きました。

この凛という字にはどういう意味があるでしょうか。寒さが厳しいと、凛然たる寒さ、と言うし、二つ重ねると、「りりしい」となり、「勇気りんりん」という言葉にもなります。人について「凛とした人」と言えば、その人の態度が、いい加減なものは寄せ付けない、毅然とした品格を備えている様子を言うと思います。「堅苦しい」とか「とっつきにくい」というイメージではない。明るくユーモラスな、秋元さんのような人を言うのだと思います。

「凛として咲く一輪の花」というと、皆さんはどういう花をイメージしますか。秋元さんからは今年も年賀状をもらいましたが、それには、ピンクの梅の花と、「いのちいっぱい自分の花を」という相田みつをの言葉が印刷されていました。学院祭のポスターは百合でしたね。或るクラスでそのイメージを聞いてみたら、バラ、百合、なでしこ、ひまわり、たんぽぽなど十五種類もの花が上がりました。花のイメージは人によってさまざまですが、私はどの花も「凛として咲く花」だと思います。何故ならば、花はそれぞれが自分らしく、いのち一杯咲くからです。花は人に見られるために咲くのではない。「人、見るもよし、見ざるもよし、我は咲くなり」という花の決意を歌った詩もあります。人も自分らしく咲けば、秋元さんが言うように、心ある人が喜んでくれるでしょう。さらに誰も知らなくても神様が喜んで下さるでしょう。福岡女学院の創始者ギール先生も、君たちが尊敬する徳永ヨシ先生も、凛として咲く一輪の花でした。それは、福岡女学院の「こころ」、あるいは「生き方」なのだと思います。（中略）

お別れの時間が来ました。私は毎年、「さよなら」ではなく、「行ってらっしゃい」と言って卒業生を見送ってきました。家族の誰かが長い旅に出る時に、私たちは「さよなら」ではなく、「行ってらっしゃい」と言って送るからです。今年もそう言って送りたいと思います。

皆さん。健康には十分気をつけて、どんな困難に出会っても、めげず、恐れず、うろたえず、凛として花一輪、いのちいっぱい自分の花を咲かせて下さい。

では、皆さん、行ってらっしゃい。

大学の入学式で　（二〇〇七年四月）

私たちの大学は女子大学です。今日はナンシー・ペロシというアメリカ人女性の話から始めたいと思います。アメリカの議会には上院と下院がありますが、最高のポストは下院の議長で、ペロシさんは最近その下院議長になりました。アメリカは男女平等の国として知られていますが、女性が下院議長になったのは歴史はじまって以来で、二百三十一年も経って初めて実現したのでした。法律上は平等でも、実際には壁がある。下から見えなくとも、上がるとぶつかる天井のことを、米国の女性は「ガラスの天井」と呼ぶそうですが、政治の世界にはもっと厚い壁があって、ペロシさんは以前、政界の天井はガラスではなく大理石だと言いました。そのペロシさんが、昨年の下院議長就任演説でこう言ったのです。「後に続く娘たちよ。あなたたちには、空の果てまで天井は無い。可能性は無限です」。

何という素晴らしい言葉だろう。私も今日、そう言いたいと思いました。「あなたたちには、空の果てまで天井は無い。可能性は無限です」。しかし残念ながら、それは現実ではない。皆さんが社会に出てから出会う天井は、ガラスや大理石、あるいは鉄筋コンクリートに思えるかも知れません。最近私は卒業して間もない何人かに会いました。恵まれた環境の中で張り切って働いている人もいましたが、派遣社員で苦労している人、大きな会社の正社員になれたのに、苛酷な営業ノルマに押し潰されそうになっている人。啄木は「はたらけど　はたらけど　猶《なほ》わが生活《くらし》　楽にならざり　ぢっと手を見る」と歌いましたが、啄木がこの歌を作って百年以上経った今も、同じ嘆きを持つ人が少なくないのです。それは、男性も同様ですが、女性だから一層苦労している人も多いでしょう。社会全体が国際競争の波にもまれて、大企業でも、いつ他企業に呑み込まれるか分からない。国家も、強大な軍事力を持つ国には従わなくてはならないような時代です。

社会の仕組みがどこか間違っていると思いますが、それが現実なのです。こういう時代に、学校での勉強や運動以外に、君達大学生に望みたいことが二つあります。一つは、どうしたらこの矛盾した世の中を立て直すことができるのか、自分はそのために何ができるのか、そのことを一生考え続けてほしい、ということです。もちろん簡単に答えが出る問題ではないし、私たちの力には限界があります。しかし忍耐強く考え続ける人が一人でも多いことが、時代を変えてゆく力になるでしょう。

もう一つは、大学の四年間に、身に着けてほしいものがある。それはどんな厳しい嵐が吹き荒れても、生き抜くことができる強い「根っこ」と、飛び続けることができるしなやかな「翼」です。根っこと翼というと、私は一九九八年に美智子皇后が、インドのニューデリーで開かれた児童図書評議会の世界大会で述べられた基調講演の言葉を思い出します。このメッセージは当初皇后自身がインドへ行って語る予定だったそうですが、インドがその年に原爆実験を行い、それに批判的な日本政府の意向で中止となり、代わりにご自身が英語と日本語で吹き込んだ五十三分のビデオが世界大会の会場で放映されて、六十余カ国から参加した数百人の人々に強い感銘を与えたということです。そのメッセージの最後の部分は次のようでした。

子供達が、自分の中に、しっかりとした根を持つために

子供達が、喜びと想像の強い翼を持つために
子供達が、痛みを伴う愛を知るために
そして、子供達が人生の複雑さに耐え、
それぞれに与えられた人生を受け入れて生き、
やがて一人一人、私共全てのふるさとであるこの地球で、
平和の道具となっていくために。

この言葉の中には、「ために」という言葉が四つありますね。どれも本当にそうだ、と共感します。科学技術の進歩はもの凄いものがあり、過去の十年を振り返っても、世の中は本当に大きく変わって来ました。教育についても、昔はこれだけ教えておけばほぼ大丈夫というものがあったと思います。然し今は誰にもそんなことは考えられない。強い根っことしなやかな翼が必要なのです。

聖書もこう言っています。「知る力と、見抜く力を身につけて、あなたがたの愛がますます豊かになり、本当に重要なことを見分けられるように」と。これは教育の目的そのものと言ってもよいと思います。知る力と見抜く力。そして愛がますます豊かになる。それらをしっかりと身に付けた女性、強い根っことしなやかな翼を持つ女性となることを目指して、皆さんが、明るく、楽しく、あたたかな学校生活が送れるように祈りたいと思います。

或る日の看護大学で　（二〇一〇年）

日本語には、名詞、動詞、助詞などがあります。助詞は古くから「てにをは」とも呼ばれていますが、名詞や動詞にくらべて補助的な役割と思われがちです。しかし同じ名詞や動詞を使った文章でも、助詞がひとつ違うと、意味がまるで変わることがあります。

たとえば、君たちは将来看護師になって、患者さんの身体だけでなく、心のケアをしっかりするようにと教えられているし、自分でもそうしようと考えているでしょう。それが出来るためには、多くの人生経験を積む必要があるし、読書も沢山する必要があると思います。この「心のケア」という文章の助詞は「の」ですね。この「の」は、別の助詞に置き変えることができます。一つは「を」です。「心をケアする」。この場合の心は、患者さんの心ですね。患者さんの心は、病気の状況や家庭の状況などさまざまな理由で、苦しんだり、悲しんだり、嘆いたりしていることが多いのです。そうした心を客観的に把握することは、看護師にとっては基本的に大事なことですが、「心をケアする」というと、場合によっては心を台の上に載せて、心を観察し、心を解剖するような感じにもなりかねません。「の」と「を」のほかに、もう一つの助詞は「で」です。「心でケアする」。この場合の心は、自分の心です。この「自分の心でケアをする」を抜きにしては、「患者さんの心をケアすること」も適切にできないでしょう。一人一人の患者さんの心を正確に捉え、自分の心で寄り添うことができる、「心を」と「心で」の両方ができる、それが練達した看護師というものです。

看護大学の学生は、目標がはっきりしていて、よく勉強もするし、看護師になってから出会う苦難についてもある程度覚悟をしているように見えます。しかし、現場で出会う苦難は、予想以上にきついものが多い。せっかく看護師の資格をとって就職したのに、辞めたいと思うことが一度や二度は必ずあるようです。国立病院機構の調査でもそれが示されています。

もう一つ、助詞の話をしましょう。今度は「が」と「で」です。私たちは誰だって苦難には会いたくない。だから「苦難が無いように」、「苦難が来ないように」と祈りがちです。しかし、人生に苦難は必ずある。一難去って、また一難ということもあるでしょう。それが人生だと覚悟をすべきです。だから「苦難が無くなるように」と祈るのは間違いで、その「が」を「で」にするべきです。「苦難でなくなるように」。苦難と思えたものが、やがて苦難でなくなった、乗り越えることができた、そういう達成感が与えられるように、と祈るのです。

聖書にはこういう言葉があります。「そればかりでなく、苦難をも誇りとします。わたしたちは知っているのです。苦難は忍耐を、忍耐は練達を、練達は希望を生むということを」。この苦難をも誇りとする、という言葉は、以前の訳の聖書では、「喜びとする」と訳されていました。その訳の方が私は何となく好きですね。「苦難をも喜ぶ」。何故ならば、苦難は忍耐を生むだろう。しっかり忍耐すれば、やがて練達を生むだろう。その練達は、希望を生むだろう。そのことを知っているから、苦難をも喜びとするのだ、というのです。

私は、看護師の理想は、練達した看護師になることだ、と思います。心も、技術も、知識も練達した看護師になる。練達とは、完璧ということではありません。不完全に耐えることも、練達です。練達した看護師になることは究極の希望だし、それは自分だけでなく、自分の家族だけでなく、社会全体にとっても希望であり、「世の光」です。その第一歩が、苦難に出会うことだとすれば、苦難に出会っても、驚かず、あわてず、たじろがず、我慢して耐え忍び、そして練達した看護師へと、希望をもって、前進してほしいと思います。

第五章　いま、思うこと

（一）老後の初心──老人の使命

「初心忘るべからず」とは、室町時代に世阿弥が『風姿花伝《ふうしかでん》』に記した言葉であるが、彼はさらに後年、『花鏡《かきょう》』の中にこう書いている。

「初心　忘るべからず
この句　三箇条の口伝あり
是非とも　初心忘るべからず
時々の初心　忘るべからず
老後の初心　忘るべからず」

二〇一二年三月、福岡女学院を八十四歳で辞した私は、古いノートの中にこの言葉を見付けて、「なるほど、初心には若い時の初心だけでなく、『時々の初心』や『老後の初心』というのもあるのだな。ところで、『老後』とは、何歳くらいから言うのであろう」と思った。

日本では、六十五歳以上が「高齢者」で、七十五歳以上は「後期高齢者」と呼ばれる。現在の日本では高齢者の数は全人口の四人に一人以上で、十五歳未満の総人口の二倍を越すという（二〇一五年国政調査速報）。その高齢者の数は女性の方が男性より四百五十万人も多いらしい。

「老後」をインターネットで調べてみたら、「老後の生活資金はいくら必要か」といった記事ばかりが目についた。本屋の書棚を見ると、「下流老人」、「老後破産」、「老人漂流社会」などという衝撃的な表題の本が並び、そのオビなどには、「忍びよる『老後崩壊』の足音」とか、「長寿という悪夢」とか、「歳をとるのは罪ですか？」などと書かれている。こうした表題は今年の流行語にもなりそうだが、高齢化社会で老人の経済問題は確かに深刻なテーマである。しかし、世阿弥の言う「老後」とは、年齢やお金のことではないだろう。

鮎《あゆ》は、清流に棲む淡水魚で、春先になると川を遡《さかのぼ》り、主にコケを食べながら成長する。秋になると、雄は川底の細かい砂を掘り起こし、巻き上がった砂粒の中で雌雄が同時に放卵し放精するという。受精卵は砂粒に付着して川底に沈み、やがて砂に覆われ、約二週間後に孵化して稚魚が出てくる。そして親の雌雄はその労働で力を使い果し、やせ衰えて川の流れに身を任せ、やがて鳥の餌食になるという。鮎の一生は一年で、だから別名、年魚とも呼ばれるのだ。凄いとも思える一生だが、しかし魚も昆虫も、一般に産卵後に死んでゆくものが多い。より高等な哺乳動物になると、そうではない。子供を生んだあと哺乳が必要で、子供が自立できるまでは母親は死ぬわけにいかないし、父親も外敵から母子を守り、餌を運ばねばならない。しかし子の成長は早い。テレビなどで馬の分娩のシーンを見ると、仔は生まれて間もなく立ち上がろうとする。そして子供が走り廻るようになると、親は一生を閉じることが多い。魚も、馬も、彼らの生存の大目的が、子供をふやし、種族を維持することにあるからだろう。

しかし人間は明らかに違う。出産や育児を終え、子供が立派に成長しても、元気で活動する人が多い。だから人間の社会には、「三世代同居」とか、「高齢化社会」などが現実に存在する。そのため家族に面倒をかけたり、社会に「老害」を与えることもあるわけだが、一方このことは、老人には老人の使命があることを示すものと思う。人間の存在目的は種族の維持だけでなく、人間独特の文化を継承発展させることにもある。文化は先祖代々受け継がれてきて、さらに数世代が一緒になって将来へ向けて創造発展させてゆくものであろう。そこに老人の積極的な役割や使命があると思う。

現実の私は、万事晩生《おくて》で、「老後」まで遅くやってきたように思う。予研で三十五年、福岡女学院で十八年、現役として働き退職した時は八十四歳になっていた。そのあと車を手放し、現役時代の山積みの書類を片付けながら、「さあ、これからが私の老後だ」と思った。そして行動半径は狭くなったが、もう暫くパソコン相手の執筆なら可能かも知れないと思った。

執筆と言えば、私は基礎医学の研究者で、専門は微生物学と免疫学だが、その領域ではこれまで英文を含めて沢山の本を出してきた。老後に書くとすれば、専門を離れたものにしたいが、しかし生涯を一事に集中して捧げた人が多い中で、仕事をいろいろと変えた私の人生だったし、顧みて残念なことや、内心恥ずかしく思うことも多々あった。だから自伝を書く意欲も自信もなかったが、できれば本として上梓したいテーマが四つあった。

自著『凜として花一輪』(2012年)

一つは、戦時中に官憲の圧迫に抗してキリスト教女子教育を守り通した福岡女学院という学校に関することだった。この学校には、百三十年の歴史のそれぞれの時代に素晴らしい先生や同窓生のエピソードが沢山あったので、それらを拾い集めて、それを貫いて流れる学院の「こころ」というべきものを、人々の「こころ」へと伝えたいと思った。その願いは意外に早く実現し、「生き代わり、死に代わりして、打つ田

自著『逆境の恩寵—祈りに生きた家族の物語』（2015年）

かな」という村上鬼城の句で締めくくって、『凛として花一輪—福岡女学院ものがたり』という本を梓書院から二〇一二年に上梓できた。

二冊目は、私の祖父、徳永規矩《のりかね》の著書『逆境の恩寵《おんちょう》』（警醒社書店、一九〇四年）を改めて読んだことがきっかけとなった。規矩は、病気と貧困と自然災害と人災を山のように背負い、五人の幼児を残して四十三歳で病死したが、最後までそれを神の恩寵と受け止め、感謝のうちに天国へと凱旋した。彼が残した『逆境の恩寵』の原稿は、没後、従弟の徳冨蘆花《とくとみろか》の世話で出版され、二十七版を重ね、口語訳や点字訳も出されて、明治、大正、昭和初期のベストセラーの一つとなり、多くの不幸な人々を励ましたが、今では絶版となり、その存在さえ知らぬ人がほとんどである。しかし、科学が進歩し、社会の諸制度が整備された現代においても、不条理なめぐりあわせの中で苦しんでいる人が沢山いる。私はこの本を現代風に書き直し、規矩の妻や五人の幼児のことにも触れて本にしたいと思った。そしてそれも、二〇一五年二月に『逆境の恩寵—祈りに生きた家族の物語』（新教出版社）という本になり、五月には第二刷が出された。

三つ目の願いは、私の少年時代、つまり戦争のただ中で書かれた手紙や日記、あるいは『螢雪の友』という小学校のクラス会誌などの貴重な資料が沢山手許に残っていて、戦争の記憶が薄れてゆくこの時代に、何かの形で残したいという願いだった。そして本書の「まえがき」に記したように、二〇一五年に岩波書店から『少年たちの戦争』として上梓できた。

四冊目が本書で、『少年たちの戦争』は原爆と終戦で終っているので、私なりに「戦後七十年」という時代について書いてみたいと思った。しかし「まえがき」に記したように、四苦八苦の連続で自分の年齢を考えても「完成できないかも知れない」という思いは最初からあった。

老いるということは、誰にとっても未経験のことであり、初体験の連続である。しかしそういう時こそ、初心に立つ時だ。世阿弥の言う「老後の初心　忘るべからず」とは、「絶えず、新しく、初心に立て」ということであろう。世阿弥は「命には終りあり、能には果てあるべからず」とも言っている。老後の初心とは、「死すとも、果てのない」ことでもあるのだろう。

(2)　広角複眼レンズ

私は一九九〇年代に福岡女学院の幼稚園長を兼務していた頃、保護者あての「園だより」の巻頭に毎月書いた短文を『喜びを力に』（一九二ページ参照）という本にまとめたが、その中に「広角複眼レンズ」と題してこう書いている。

「そんな名前のレンズが実在するわけではありません。『広角複眼レンズ』とは、私の造語です。現実に広角レンズはありますが、複眼レンズはトンボの目のようなものです。私の勝手なイメージでは、このレンズの入った眼鏡をかけると、一つのものを見てもその周囲が広く見渡せるようになり、また視点を変えてさまざまな面から見ることができるようになるのです。」

そしてさらにこう続けた。少し長いが、引用してみたい。

凸レンズに対して凹レンズがあるように、『広角複眼レンズ』と逆の働きをもつレンズがあるとすれば、それは『狭角単眼レンズ』でしょう。虫めがねや、顕微鏡はこのたぐいですね。これで見ると、視野がぐっと一点に収斂《しゅうれん》し、ほかのものは目に入らなくなります。昔の中国の話ですが、一人の弓の名人が、王様から糸の先にぶら提げた一匹の虱《しらみ》を、遠くから射落としてみよ、と命じられたそうです。彼は弓に矢をつがえて、何時間も、何時間も、その虱をねらい続けました。そして突然その虱が仔牛のように大きく見え、その瞬間に彼は矢を放って、見事にその虱を射落とした、というお話です。私のいう『狭角単眼レンズ』の典型で、科学者が新発見をする場合などには、精魂を一点に集中する必要があり、こういうレンズをかけねばならぬのです。

しかし日常の生活で、子供を育てたり、人々と交際したりするためには、狭角単眼レンズを外して、広角複眼レンズをかけるべきだと思います。ところが実際には、私たちは狭角単眼レンズをかけたままで、周囲や社会を見ていることが少なくないようです。子供を見るにも単純な思いこみや、周囲の子との比較や、大人本位の見方をして、そのため気苦労をしたり、苛立ったりすることが少なくありません。広角複眼レンズを通せば、子供のことも、自分や他人のことも、いろいろな角度から幅広く見ることができ、それだけ真実の姿を立体的に把握できると思います。こういうレンズは実在しませんが、毎日の現実の中で経験を積み、修練を重ねて、自分の目のレンズをそのように磨いていきたいと思うのです。

この過去の文章の考え方は現在も基本的に変わりはないが、私は最近、「複眼レンズ」はもとより「複眼カメラ」まで実在のものとなっていることを知って、いささか驚いた。

そもそも複眼は、節足動物などが持つ眼構造で、ホタルでは二千五百個、トンボでは二万個もの「個眼《こがん》」が集まってできているらしい。カニのように身体から眼が上に伸び出ていれば、たぶん全方向を視野に入れることができるだろう。古生代カンブリア紀に出現した三葉虫が既に立派な複眼を持っていたというから面白い。こうした動物の複眼を模して、近年、複眼レンズが生まれ、複眼カメラが作られた。因みに複眼レンズの英訳は、「fly-eye lens」で、大阪大学などで作られている複眼カメラは、「tombo（トンボ）」という名だそうだ。複眼カメラは実用化までにはもう一歩だが、小型で歪みがなく、ピントがよく合い、パノラマ写真のような映像ができるという。「複眼レンズ」は私の造語で、想像の産物と思っていたが、いつの間にかそれは現実のものとなっていた。この点は訂正しておかねば、と思う。

さて、私は今でも、何かに熱中すると周囲が見えにくくなる性分だが、若い頃は更に、狭角単眼レンズをかけっぱなしで、夢中で疾走していたように思える。私が自分自身に望んだ「広角複眼レンズ」のイメージは、それを通して見ると、目の前に見える映像のほかに、時空を超えて、たとえば子供の将来の姿まで見えてくるし、其処には居ない第三者や、外国の人々のことも見えてくる。時には亡き父母や、百年後の人々の目にどう映るであろうか、ということまでが想像できて、今の自分の判断や反省の力になる、そうしたレンズのことである。それはトンボの複眼とは全く違うから、やはり「想像の産物」だということになるのかも知れない。

近年グローバリゼーションということが頻りに言われる。「地球規模化」と訳されるが、この言葉は、感染症や温暖化の問題などと関連して以前から知られていた。しかしソ連が崩壊した一九九一年頃、交通や通信技術の飛躍的発展と相俟《あいま》って自由貿易圏が拡大したために大きな拡がりを見せた。一八五三年のペリー来航や、一九四五年の敗戦は、日本の「開国」だったが、現在のグローバリゼーションは規模が異なるだけでなく、国家のワクまで超えるものとなった。ＥＵやＴＰＰなど、連日の紙面を賑わせているが、教育面でも、小学生の英語教育が本格的に始まり、大学では「グローバル人材の育成を推進するため、世界的規模の視点を持ち、自ら考えて行動する学生を育てる」という文部科学省の方針のもと、各大学が四苦八苦して特色ある教育の創出に努力している。その結果には大きなメリットが期待されるし、「広角複眼的に物事を見る」ことにも通じるものがある。

しかし、地球規模化が進めば、ヒト、モノ、カネが自由に国境を越え、経済的には世界資本主義化の様相を呈し、私たちの眼には見えない巨大なグローバルの資本が裏から世界を動かすことにもなる。文化面でも現に、日本の漫画やアニメは地球規模化しているし、コンピューターゲームのソフトや、食物や調理、ファッションなどもグローバル化している。このことのプラス面もあるが、マイナス面もある。それぞれの国やローカルの独自な文化は特色を失い、衰退するものもあり、世界文化の均一化が進みつつある。日本は、あるいは日本の地方は、その良き独自性を守ることも大切で、こうしたことこそ、「広角複眼レンズ」の大切な機能の一つであろう。

(3)　原子力発電をめぐって

二〇一一年三月十一日の東日本大震災の報は、衝撃的だった。地震と津波で死亡した人の数は一万五千人を越え、震災関連死を加えると死者は二万人に近くなるということだった。

テレビが威力を発揮した。家や人が大津波で押し流されていく映像に戦慄した。その画面を見つめながら、私はすぐに原子力発電所は大丈夫か、と思った。原子力発電について私は素人だが、原子力については、七十年前の長崎の原爆で大勢の友人を失うという深刻な経験をしたし、また研究者としては、自分自身も放射性物質を実験に使っていたから、その危険性には一般の人より敏感かも知れない。不幸にもこの心配は適中して、福島の原子力発電所事故は惨憺たるものだった。あの事故が無かったら、震災の復興もよほど順調に進んだに違いない。多くの避難者が未だに被災地に戻れないし、除染はなかなか進まない。五年経った今でも廃炉作業は難航してめどが立たず、汚染された冷却水の流出による海水汚染が憂慮され、汚染土や汚染水の中間貯蔵にも限界がある。ドイツは東日本大震災の被害を見て原発ゼロに舵《かじ》を切り、二〇二二年の全停止を目指すらしいが、日本は安全性の基準に合格した原子炉を再稼働する方針で、既に二、三の原発は稼働を開始した。政府は原発の輸出も進めていると聞く。

発電というものの原理はみな同じで、種々のエネルギーを使ってタービンを廻すことが基本と理解してよいだろう。タービンを廻すエネルギーとしては、風力、水力、地熱、太陽光などの自然エネルギーがあるが、現在のところ実際の主力は、石炭と、石油と、原子力の三つである。この三つのエネルギーによる発電の原理は、共通して、高熱でタービンを廻すことだ。石炭や石油が高熱を出すというのは容易に理解できるが、原子力の場合の燃料は、核燃料、つまりウランやプルトニウムだ。ウランやプルトニウムに中性子を打ち込むと核分裂を起こして、強力な中性子が飛び出し次々に連鎖反応を起こして膨大な高熱を発生する。この熱でタービンを廻すのだ。ウランの場合を例にとると、この処置のあと、放射能を持ったクロムとバリウムが残る。これを放射性残留廃棄物という。

病院では日常的にX線やアイソトープが使われているし、私の友人には重粒子線を癌に照射して成果を挙げている人もいる。私自身も実験に放射性の燐や炭素を使って恩恵を受けた。こうした医療や研究用の放射性物質も、使い方によっては人に傷害を与えるから「放射線障害の防止に関する法律」というのがあって厳重に管理され、廃棄物は指定された機関が集めて厳格に貯蔵される。しかしその貯蔵量も、二〇〇七年の統計では二百リットル容器に換算して一万二千本になっているという。こうした医療や研究用の放射性物質は低レベルで、半減期も短いが、原子力発電の場合の廃棄物は二〇〇七年に既に五十八万本相当量と伝えられるし、その放射能もケタ違いに高いものである。

たしかに核燃料には実際上のメリットがある。第一に、石炭・石油のように炭酸ガスを発生しないから、地球温暖化を防ぐに良い。第二に、原料の運搬が便利だ。大型の石油タンカーでひっきりなしに遠路日本に運ぶというような必要が無い。第三に、原料の輸入が石油より容易なのだ。また第四に、原子力に関連する技術力維持の問題がある。原子力発電を通して高度の技術を維持し、将来の発展のための技術を蓄えるのに役立つのだ。もう一つ挙げれば、雇用や保障金など、地元の経済効果も大きく、それも無視できない。

振り返ると、核エネルギーの発見は八十年ほども前のことになるが、応用研究が顕著に進んだのは、太平洋戦争の最中だった。一九四五年に、アメリカはこれを爆弾に応用したのだ。アメリカだけではない。ドイツも日本もその可能性を追究したが、アメリカの進歩の方が段違いに速かった。広島に落とした原爆はウラン型で、長崎はプルトニウム型だった。

核分裂エネルギーの応用は、まず原子爆弾からスタートした事実に注目する必要がある。原子力の平和利用の研究は遅れて、戦争が終ったあとから始まった。一九五一年にアメリカが発電実験に成功したときは、その発電量は小さく、二百ワットの電球を四個光らせたに過ぎなかったそうだ。だが研究は急速に進み、一九五三年にアイゼンハウアーが国連で原子力の平和利用を呼び掛け、その翌年には原子力潜水艦が進水した。原子力発電の実用化も、ソ連、イギリス、アメリカが次々に成功した。

当初は、夢のようなエネルギーとして歓迎され、経費の見通しも、「Too cheap to meter（コストを計量するには余りに安過ぎる）」と考えられていた。原子力の安全性についても極めて楽天的で、「大規模事故の確率は、原子炉一個当たり十億年に一回である、それはニューヨークのヤンキースタジウムに隕石が落ちるような確率、つまりあり得ないことだ」とされていた。しかし一九七九年には、スリーマイル島発電所で事故が起こり、一九八六年にはチェルノブイリ原発の大事故が起こり、そして二〇一一年には、福島でさらにそれに匹敵する大事故が起こったのだ。

原子爆弾と原子力発電とは、原理的には同じものだが、もちろん違いもある。違うのは、発電の場合は原子炉があって、それが核分裂反応を制御する形になっている。制御とは、核分裂を開始し、持続させ、停止するという三段階のプロセスの制御だ。原爆は、このうち開始だけで、動き出したら止まらない。原子炉では制御のために、中性子を減速させ、熱を逃がすために冷却する装置がある。日本ではその冷却に水を使い、余熱は海に流す様式を取っている。それが地震や津波で壊れて、電源まで止まり、大量の放射性物質が流れ出し、未だに収束の見通しがつかない大事故になってしまった。除染は進まず、帰宅できるかどうか分からない住民がまだ沢山いる。役所が怠慢だ、という声もあるが、役所だって、どうしていいか分からないことがいっぱいあるのだと思う。

福島原発事故と同様の事故が、仮にもう一つ起こったとすれば、住民の避難経路どころか、日本は滅亡しかねないだろう。仮に事故が起こらないとしても、大きな問題が残る。私が心配しているのは、むしろそちらの方だ。つまり、発電後も高い放射能をもつ核廃棄物の処理の問題だ。その処置に世界中が苦労しているが、名案はなかなか見つからない。日本の処理方針は、使用後の核燃料をガラスに埋め込んでガラス固化体とし、地下深くコンクリート室を作ってその中に入れ、放射能が自然に崩壊して無害になるまで、数万年間じっと置いておく、というものだ。しかし実際は地下深く埋めるまでの暫定的な廃棄物の置き場さえ、引き受ける自治体が見つからない。ドイツは脱原発の先進国で、原発の廃棄物を地下七百五十メートルに埋めたが、その地層に地下水が侵入していることが判明して、ともかく一旦廃棄物を地表に取り出そうとしているという。地上に取り出すだけでも、莫大な費用と数十年の作業が必要ということだ。

日本の経済産業省は、一キロワット時当たりのコストが、太陽光、風力、水力、石炭火力、石油火力のいずれよりも原子力が安いという計算を発表した。たぶん計算の仕方によっては、原発一基で火力発電の燃料費を年間一千億円規模で減らすことができるのであろう。核廃棄物の再処理費用も原価に組入れて計算しているという。その辺の専門的なことは私には分からぬが、核ゴミの中間保存施設の場所さえ決まらない状況で、最終処分がどうなるのか未定である。それでは計算の仕様も無いのではないか。原発には既に莫大な投資をしているから、廃炉を極力避けて再稼働したいという経済的論理は理解できる。しかしコストが一番安いという計算の詳しい根拠は公開されて十分に議論されているのであろうか。

原子物理学の基礎研究は、人類の輝かしい成果の一つである。しかし不幸なことに人類は、その応用の手順を誤った。基礎研究で発見された事柄を実用に持ってゆく手順としては、まず安全性に関する研究が完成し、それから応用研究へと進むべきなのに、国の存亡を賭けた激しい戦争の最中に、原子力の基礎研究がいきなり原子爆弾へと進んでしまった。原子力発電のメリットは十分理解するけれども、科学技術の進歩の順序の過ちは是非とも至急に正さねばならないと思う。原子炉と水による安全のコントロールは不完全で、事故に弱い、というだけでなく、放射性廃棄物の処理技術は完全に未完成だ。病原微生物なら加圧高熱で死滅させることができるが、放射能は今のところ消去する技術が無い。米国原子力規制委員会のアリソン・マクファーレン委員長は「原子力発電は、運転前に、最終処分の計画を持つことを求めたい」と語ったと聞くが、その発言は正しいと思う。世界には現在三十カ国で四百三十基を越す原子炉が運転されている。日本は原子炉の輸出国ともなっている。高レベルの放射性廃棄物は、年々スピードアップして地球上に蓄積してゆくことであろう。これは一企業、一国家だけの問題ではない。二十一世紀前半の人類全体の課題である。日本は、史上最大の原発事故を味わった国である。まず原子力発電を一時凍結して、核廃棄物の処理法と代替エネルギーの開発供給に研究の総力を注入すべきではないだろうか。

その上世界には、一万数千発もの原爆が貯蔵されているというではないか。一発でも二発でも原爆を持ちたい国が増えている。原爆はもはや戦争の抑止力ではなく、人類滅亡の道具でしかない。日本は、人類唯一の原爆被爆国であるが、長崎を世界最後の被爆地とするために、核兵器廃絶の世界の動きの先頭に立って廃絶に向け力を傾注するべきだと思う。

(4) 親米・親中・親韓・護憲

二〇一五年七月に、対立関係にあった米国とキューバの国交が回復した。前述したことだが、その半世紀以上前、私が滞米中にキューバ危機が起こり、ケネディ大統領が全米テレビで準戦時体制に入ることを宣言した。ロスでは人々が水や食料の備蓄のためにスーパーマーケットへ押しかけた。それ以後、米国とキューバの激しい対立は半世紀以上続いたが、今、和解へ向ったのだから、感慨深いものがあった。

この和解を後押ししたローマ法王フランシスコは、九月十九日にキューバのハバナ空港に降り立って、「今の世界には和解が必要だ。両国が世界の『和解の摸範』となるように、さらに完全な正常化に向けて自分も後押しを続ける」と述べた。私は心中拍手してそれを受け止めたが、一箇所だけ、「え?」と思った点があった。彼はその挨拶の中で「第三次世界大戦を迎えているような今の世界」と言ったからだ。

しかし考えてみれば、確かにそうだ。私は戦後七十年続いた国内の平和に慣れて、「第三次世界大戦を迎えているような今の世界」とまでは思っていなかった。しかし考えてみれば、イラク、イラン、アフガニスタン、シリア、パレスチナ、ウクライナなど、何処を見ても激しい戦争が続いている。中東からもアフリカからも物凄い数の難民がヨーロッパになだれ込んでおり、EU諸国はその受け入れで大騒ぎである。アメリカもロシアも、局地的ではあるが空爆を続けており、既に小規模戦争を遂行している。そしてその空爆の余波で一般人も殺傷され、それに復讐するテ口も各地で頻発している。日本の周辺のアジアも不穏な空気で、どこかが間違えば、一触即発という状況である。法王が今の世界を「第三次世界大戦を迎えているようだ」と言ったのは正しい認識だと思った。

私は、前述したことだが、第二次世界大戦のただ中で少年時代を過ごした。満州事変に端を発する永い日中戦争に続いて日本は太平洋戦争に突入し、長崎に原爆が投下された時、私は命拾いをしたが、多数の仲間が爆死した。その時、私は十七歳だった。

しかし世界はまたもや、法王さえもが「第三次世界大戦を迎えているようだ」と言うほどに荒れている。この七十年という年月の中で日本は、ただの一度も戦争をすることなく、誰一人、鉄砲で敵兵を撃つことをしなかった。日本は世界でも一番平和な国の一つだったのだ。それを可能にしたのは憲法九条の存在が大きな力となったであろう。日本の歴代政府はこの七十年間、外国から自衛隊の出動を要請されても、「日本にはこういう憲法があるからできません」と上手に断ってきたのだと思う。それは容易なことでなかったと想像するが、正しい判断だったと思える。

ところが現在、憲法改正論議が盛んに行われている。改正論の論拠の一つは、この憲法が米国から押しつけられたものだから、自主憲法に改正すべきだ、というものだ。確かにこの憲法の制定には、「帝国憲法を廃棄して、民主主義、基本的人権の尊重、平和主義などの原則を盛り込む新憲法を制定せよ」というGHQの圧力があったであろう。その意味では、この憲法は押し付け、あるいは与えられたものだ、と言えると思う。当時の占領政策の基本は、日本を戦争能力を持たない平和な国にすることにあって、それはまた連合国全体の考えであったし、また多数の日本国民の希望でもあった。しかしその後、連合国は二つの陣営に分裂し、米国は当初の占領政策を一八〇度転換して、日本をソ連や中国に対する防壁とするべく、軍事産業力を逆に強化する方向に舵を切った。日本はそれに便乗して急速な復興を遂げ、次第に大国の仲間入りができるようになった。そして更に繁栄と安全を自力で確保し得る強大な国家を目指すようになった。

二〇一五年六月五日の朝日新聞の「社説余滴」という欄に、「親米改憲と反米護憲」という変った見出しが目にとまった。私は一瞬、何のことかと戸惑ったが、確かに現在の米国は、日本の軍事力強化を望むだろうから、親米論者のどれだけかは憲法改正を望むだろう。一方、反米論者は、それとは逆の発想から、護憲を主張する人が多いかも知れない。つまり、親米改憲、反米護憲という言い方ができる。しかし、憲法制定当時の国民は、圧倒的に「親米護憲」だった。戦後七十年の間、歴代内閣もその線を守って、あるいは利用して、「親米護憲」で進んできた。それが冷戦の激化に振り回されて、「親米改憲、反米護憲」という形になってきたのだ。

戦後七十年を迎えた昨年の夏は、「安全保障関連法案」をめぐって国会で論戦が続き、多くの憲法学者がその法案が憲法違反であると指摘し、また国会外の反対運動も盛り上がった。それでも政府与党は、近い将来の憲法改正を前提として、集団的自衛権行使を含む「関連法案」を可決した。この可決が戦争の抑止に繋がるという考え方も、私は或る意味で理解できる。日本は戦後、米国の「核の傘」に守られて平和を享受してきたが、軍事協力は基地提供が主で、或る意味、片務的であった。しかし其の後米国は、ベトナムとイラクでの戦争の蹉跌《さてつ》が大きく、依然として世界最大の軍事国家ではあるものの、その軍事力には疲労の陰が見える。ここでもし日本の自衛隊が世界各地で米軍と共に戦うことが可能となれば、自衛隊の軍事力も今や強大であるから、その同盟軍は圧倒的に世界最強となり、現段階ではこれに匹敵し得る国は存在しなくなるだろう。だから周辺諸国もおいそれとは手が出せず、当面大きな戦争抑止力として役立つであろう。安倍首相の言う積極的平和主義の一環としての新安保法制は、おそらくそういう抑止力を有効に使って、経済外交を展開し、国の安全と発展を期するというねらいであろう。しかし心配は、長期的な展望である。軍事力で抑えられた国や民族は、臥薪嘗胆という言葉もあるように、必ずいつかは相手を凌駕する軍備を持つために力を傾注し、相互に止めどない疑心暗鬼の軍拡競争になるからだ。

私のマンションに隣接して自衛隊の駐屯地があり、毎日、隊員が訓練に励んでいる。その号令や駆け足、時には戦車のキャタピラの音を聞きながら、私は自分が少年時代に受けた軍事教練を思い出す。米軍が上陸してくれば、私たち少年は爆薬を抱えて敵戦車のキャタピラの下に飛びこむつもりだった。熊本の高校一年生だった私は、阿蘇に敵の空挺部隊が降下した時には直ちに現地に向かうと聞いてもいた。しかし米軍は、サイパンでも沖縄でも、上陸する前に徹底的に爆撃と艦砲射撃を繰り返し、ほぼ無人の原にしておいて上陸を開始していた。だから私たちは出動の前に死んでいたに違いない。

それが第三次世界大戦になれば、一層ひどい状況になるだろう。世界に現在貯蔵されている核爆弾の数は一万数千発だという。戦争は、或る日突然、核弾頭をつけた多数のロケットが、主要な施設や都市に飛来するという形で始まる可能性がある。どの国も、それを撃ち落とす工夫に力を注いでいるだろうが、兵器の進歩は、攻撃兵器の方が防御兵器より常に先行するように思える。長崎へのたった一発の旧式原爆で壊滅的打撃を目撃した私としては、第三次世界大戦は人類消滅の戦争となるとしか思えない。

局地的な小競り合いは、今もあちこちで行われている。自衛隊も局地戦として島嶼《とうしょ》での上陸作戦や防御作戦を想定しての訓練であろう。しかしこれからは局地戦といえども様相が異なり、ロケット弾やナパーム弾はおろか、無人機攻撃などは当り前で、場合によっては小型の原爆が使われないとも限らない。

繰り返しになるが、戦後七十年、日本人は平和的な手段で、世界各地で良く働いてきた。それが彼らの戦いだった。たとえば私が出会った海外青年協力隊の隊員は、途上国の底辺まで分け入って、現地の人々に溶け込んで、献身的に国造りに協力していた。

またたとえば、私は直接に会ったことのない人だが、九大で二十年ほど後輩に中村哲という医師がいる。アフガニスタンの復興支援にとりくむNGO「ペシャワール会」の現地代表である。彼は二〇〇〇年にアフガニスタンで起きた大干ばつで多くの人が飢餓に直面したことを見て、医療奉仕から用水路建設に転じ、土地の人々と共にがんばって、これまでに福岡市の約四割に当たる約一万五千ヘクタールに水路を開いてきた。その一帯は潤って、武装勢力の資金源の麻薬用ケシの畑も姿を消したという。彼は二〇二〇年までに六十五万人の農民が生きるために砂漠に沃野を蘇《よみがえ》らせようとしている。その彼が昨年の八月にいったん帰国し、「ほかの国と違い、日本は戦争をしない国と信じられてきたから、我々は守られ、活動を続けることができた。その信頼が失われれば、我々は撤退せざるを得なくなるかも知れぬ」と語って再びアフガンへ戻って行った。彼は語っている。「折から報ぜられる安保法制論議は、悲しいものだ。進んで破壊の戦列に加わり、人命を奪ってまで得る富は、もう要らぬ。理屈で固めた『平和』は血のにおいがする。富と平和はしばしば両立しない。日本国民はいずれを選ぶのか。われわれは繰り返し『砂漠の啓示』

に思いをはせ、ひたすらに和解を説く」と。私はこのような日本人が、現に国の内外を問わず大勢いて、日本のため、世界のために働いていること、それが世界からの評価に繋がっていることを銘記せねばならぬと思う。

私の主張は、「親米、親中、親韓、護憲」である。私の言う「護憲」とは、憲法の全条文を金科玉条として不変という主張ではなく、憲法九条の平和条項の精神を守ろうということである。この九条についても種々の改良案があると思うが、この時点で手を入れては、基本的に違うものになる可能性があると思うから、今は「護憲」で貫くべきだと思う。私の護憲はそういう立場だが、「嫌中」「嫌韓」の人からは叱られるだろうし、素人の夢物語と冷笑されることでもあろう。日本の周辺には、確かに種々の軍事的脅威が存在し、専守防衛では自国を守り切れぬという心配も分らぬではない。しかし軍事力強化は相手の軍事力強化を刺戟し、際限の無い悪循環に陥るだろう。私は一介の科学者、教育者に過ぎないが、訪ねた国も三十近くあり、それぞれの国で敬愛する人々に会うことができた。要するに、「世界中の国と仲良く」と言いたいのである。それは憲法が制定された頃、大多数の日本人が抱いた理想だった。今ではその考えが、理想主義を通り越して、夢物語だと言われる。しかしその進路を取ることが、日本にとっても、世界にとっても、最も必要で、現実的な道ではなかろうか。日本は思い切って、両陣営の間にすっくと立って、和解を呼び掛けることができないであろうか。

日本国憲法の前文には、こう書かれている。

「日本国民は、国家の名誉にかけ、全力をあげてこの崇高な理想と目的を達成することを誓ふ」

(5) 曲がりくねった一本道

私は二〇一二年三月までの四年間、一日の大半を看護大学の学長室で執務して過した。そして夕方、建物を出て駐車場までの短い距離を歩くと、周囲には大きな建物も樹木も無く空が広く開けて、晴れた日には月が見えた。月は、満月の日も、三日月の日もあった。

私はその空や月を見るのが好きで、「ああ、いま太陽が地球の裏側にあって月を照らしているな。弦月なのは、地球の投影なのだな」と思ったりした。

天候が良く、風が爽快な夕べは、私の想いに羽が生えた。一カ月後、あるいは一年後の月は、その日の天候次第で見ることが出来ぬかも知れないが、その位置は直ぐにでも正確に計算できる。月に限らず、太陽系の衛星たちは皆、それぞれ一定の軌道を動いているから、宇宙船も長い飛行のあと正確に地球に着陸できるのだし、中国で最古の書物とされる『周易』も、「天行健、君子以自彊不息（天行は健なり、君子は自らつとめてやまず）」と言うことができたのであろう。

風が寒くない夕べは、車に入ってエンジンをかけるまで、時には十分、二十分と、とりとめもなく、空を仰ぐ。現代の宇宙科学が教えるところでは、宇宙には太陽系に相当する系が、十の二十乗くらいあるというから驚く。一にゼロを十二個つけた数字を兆と呼ぶことは知っているが、二十個つければ何と呼ぶのか、すぐには出てこない。

この広大な宇宙は、今から百三十七億年前に、極微の量子宇宙がビッグバンと呼ばれる大爆発を起こして瞬時に巨大化し、それが今もなお膨張を続けているという。私のように生命科学の研究をライフワークにしてきた者には、こうした宇宙観を受け入れるのに抵抗感は無い。また地球が他の衛星と異なり、太陽の周りの Habitable zone と呼ばれる比較的狭い空間を廻っているために、太陽との距離が生命の誕生や維持に好都合で、地上の温度も重力も生命の活動に適しており、水も太陽の引力に引き寄せられて飛散することなく、海となって地上に留まって、それが生命誕生の源となることが出来たことも理解している。すべての条件が生命の誕生、維持、進化などに「ほどほど」なのである。

しかし、その宇宙のビッグバンの前はどうだったのか、素朴な疑問は湧く。宇宙科学の専門家ホーキングは、「宇宙は量子的状態から泡のように突然生まれた」と言っているし、ビレンキンは「宇宙は無から誕生した」と言ったと聞く。宇宙科学の最先端を走る彼等が、結局は「泡のように」とか「無から」というような文学的な表現をするしかないのであろうかと思う。たしかに真実を語るには、数字だけでなく、文学的、詩的な言葉でしか表現できないものがあると思う。宇宙や生命の始まりについても、たとえば旧約聖書は、「地は混沌であって、闇が淵の表にあり、神の霊が水の面を動かしていた。神は言われた。『光在れ』。こうして光があった。神は光を見て、良しとされた。……」と記している。またたとえば工藤直子の詩「うみのむかしばなし」は、生命の誕生を、「むかしむかし　おおむかし　せかいは　もんもこ　してたとさ　もんもこしてたそのときに　ちらっと　なにかが　ゆれたとさ　ゆれたはずみに　こりゃどうだ　いきものぽちんと　うまれたよ」と歌っている。どちらも科学的ではないが、真実でないとは言えないだろう。

自然科学の進歩は、特にこの半世紀に著しいが、それは人間の脳が進化したからではないだろう。脳の遺伝的変化には百万年単位の時間が必要なはずだ。また一人のヒトの大脳皮質に存在する百四十億個の脳神経細胞がどれほど精巧なネットワークを作ったとしても、それにも限界があるだろう。近年の急速な科学の展開の理由はそうしたことではなくて、無数の人々の個々の大脳が、さまざまなメディアやシステムの発展によって連結され、ネットワークができ、相加・相乗されるようになったためであろうと思う。今の中学生にとっては、万有引力についてのニュートンの原理も、浮力についてのアルキメデスの原理も、地上に落ちるリンゴや、水中の王冠のエピソードを待つまでもなく、いわば常識みたいなものになっている。

車のエンジンをかけ、高速道路を通って家に帰るまでは、とりとめのない思考は一切振り払うが、入浴と夕食を済ませて、また、とりとめもなく考える。

「理解できない」と言えば、私にとって今一番理解しにくいのは「時間」である。「時間」についての学会もあると聞くし、私が勤めていた福岡女学院大学でも『時間』という本を出版し、多面的に時間について論じている。自然科学的には、時間は宇宙とともに生まれ、百三十七億年の間、光と同じ速さで一方向に進んでいる、ということだろうが、私が不思議に思うのは、学問的な話ではなく、自分の経験や実感から来ている。つまり、人は時間内存在であり、始めがあり、終りがあるのだが、一人の人間の「始め」は胎内のたった一個の受精卵細胞であった。それが細胞分裂を繰り返して、六十兆もの細胞の集合体の成人となり、やがて細胞数は「脳細胞」を含めて徐々に減少し、死が訪れる。

その間、時間は一定の速度で絶え間なく進んでいるが、時計の「カチカチ」という速度とは別に、人にとっては確かに濃密な時間もあれば、空疎な時間もあって、時間の進み方は一定でないと感じられる。そして当たり前のことだが、「今」という時点より先のことは、予想はできても、実際どうなるかは全く分からない。つまり将来については、選択もし、期待も持つが、しばしばその通りにはならないのだ。そして一方、「今」という一点を一瞬でも通り過ぎると、それは厳然とした過去の事実となり、いささかの修正もできない。当然のことと言えばそれまでだが、私にはこの時間の流れの理解は、やはりヒトの脳機能の限界を超えているように思える。つまりヒトの大脳では、時間について納得のゆく理解はできないのではないか、と思えるのだ。

もう一つ、時の流れの不思議さに、「人と人との出会い」がある。出会いは、これも当り前のことだが、同じ時代に同じ場所に生きる人の間でだけ起こる。ある人とは意図的に、またある人とは偶然に出会い、そしてそれは、「通り過ぎる」とか「すれ違う」というのとは違って、互いに何らかの、あるいはかけがえのない関わりを持つのである。

人の最初の出会いは、誰にとっても母親だが、そこに選択の自由はない。若しすべてが偶然というのではなく、人の一生の軌道が天体の運行のように決まっているとすれば、「出会い」というのは或る人の軌道が、ある時、ある地点で、他の人の軌道と交差するように決められていた、ということになろう。そして場合によっては、一旦重なったその軌道が、それ以後の或る時間、重なって進むことになる。たとえば、私と妻は、或る知人の紹介で見合い結婚をしたのだが、それから既に六十年近く、大筋、同じ線上を歩いてきた。そしていつ片方の軌道が消えるか、絶えるかは、誰にも分からないのだ。それが時間というものだ。

私は少年の頃、「自分は二十歳になることは絶対にあるまい」と覚悟した時期があった。戦争中の日本の少年たちは、ほとんど皆が、そう考えていたと思う。それなのに私は八十九歳までも生きてきた。思えば、原爆と敗戦で幕を閉じた私の少年時代、闇の中を漂流したような青年時代、そして研究者としての三十余年、さらに厚生行政に集中した五年間、また教育に専念した十八年間、さまざまに曲がりくねった道を歩いてきた。一つのことに集中して見事な人生を送る人々もいるのに、私の人生には一貫性が無く、或る意味、ばらばらの、全く曲がりくねった人生だった。顧みると私は、子供の頃からお節介で、自分の好きなことに熱中するよりも、ほかの人に喜んでもらうと嬉しい、というタイプの子供だったように思える。そんな子供が、時の流れに身を任せ、流れ流れて此処まで来た気がするが、しかしその時、その時に、私は私なりに、集中して力の限り泳ごうとした、と思える。私は万事晩生《おくて》の人間を自認しているが、今この年齢になって、その曲がりくねった道が、実は選択の余地のない一本道だった、と知る思いがする。

最近知ったことだが、アインシュタインが、死についてどう思うか、と聞かれた時、「死とはモーツアルトを聞けなくなることだ」と答えたそうだ。光の速度と時間について考え抜いた天才的物理学者の、何と素晴らしい答えかと思った。私はアインシュタインより十年以上も永生きしたことになるが、未だに、自分の「往生際《おうじょうぎわ》」については、自信がない。みっともない死に方をしないとは言い切れない。

しかし、聖書はこう言っている。「わたし自身は既に捕えたとは思っていません。なすべきことはただ一つ、後ろのものを忘れ、前のものに全身を向けつつ、神がキリスト・イエスによって上へ召して、お与えになる賞を得るために、目標を目指してひたすら走ることです」と。「上へ召して」というのだから、死んでから、ということであろう。死んでから与えられる賞とは、どんな賞なのか、全く分からない。だが要は、この世の毀誉褒貶《きよほうへん》を意に介せず、右顧左眄《うこさべん》せず、なすべきことはただ一つ、前へ向ってひたすら走れ、ということであろう。

走る、とは、息せき切って、他人を押しのけて、ただガムシャラに走るということではないと思う。また、走ることは、楽《らく》ではないが、楽しいことでもある。人生に苦労は付き物で、苦労には必ず出会う。一難去って、また一難ということもあるであろう。だから聖書は、人生の苦労をどこか楽しみながら、大勢の仲間たちも大切にしながら、前へ向ってひたすら走れ、と言っているのであろう。それが「今」という時点の、私の「初心」であろうか。

あとがき

本書の当初の意図は、「序章」に記したように、次第に風化してゆく「戦後七十年」の時代史を、自分の実体験を通して書き残すことで、それが一つの「時代の証言」になることを願ったのだが、体験の乏しさ、筆力の不足もあって、種々濃淡や偏りが生じ、半ば「戦後七十年」の自分史のようになってしまった。ただこの間幸いに思えたことは、八十九年という年月の中で私が、実に多くの恩師や先輩、縁者や友人、また後輩や生徒たちからも、与えられた豊かな恩義の一つ一つを思い起こすことができたことだ。その中の少なからぬ人々が、既に世を去られている。稿を閉じるにあたり、そうした多くの方々のご恩に応えることができないで過ぎてきたことをお詫びし、改めて心から感謝申し上げたいと思う。

作品社の髙木有さんには、編集から装丁、出版まで、実に行き届いたご配慮を頂いた。表紙の写真は想定外だったが、髙木さんが選んで下さった。弟の徳永恂は原稿を読み、髙木さんに持参して仲介の労をとってくれた。また竹馬の友、相川賢太郎君は、彼の手紙の引用を快諾し、終始執筆を激励してくれた。この三人に深甚な謝意を表したい。また、妻の明子や、三人の子供たち（徳永真、広松由希子、徳永健）も、それぞれの立場からさまざまな助言をしてくれた。彼らにも心から有難うと伝えたい。

著者略歴

徳永　徹（とくなが・とおる）

1927年、東京生まれ。浦和、鎌倉、横浜、長崎と移り、県立長崎中学、
第五高等学校、九州大学医学部卒業。医学博士。
1959年より国立予防衛生研究所（現・国立感染症研究所）に勤務。結核部長、細胞免疫部長、
エイズ研究センター長を歴任し、同研究所長。定年退官後、1994年より福岡女学院院長、
同理事長、福岡女学院看護大学学長を歴任し、2012年退任。現在、福岡女学院名誉院長、
感染症研究所名誉所員。日本細菌学会賞、高松宮妃癌研究基金学術賞などを受賞。
著書に『マクロファージ』（講談社）など多数専門書のほか、『逆境の恩寵―祈りに
生きた家族の物語』（新教出版社）、『凜として花一輪―福岡女学院ものがたり』（梓書院）、
『少年たちの戦争』（岩波書店）などがある。

曲がりくねった一本道
――戦後七十年を生きて

二〇一六年十一月一五日 第一刷印刷
二〇一六年十一月二〇日 第一刷発行

著者 徳永徹
装幀 小川惟久
発行者 和田肇
発行所 株式会社作品社
〒一〇二-〇〇七二
東京都千代田区飯田橋二ノ七ノ四
電話 (〇三)三二六二-九七五三
FAX (〇三)三二六二-九七五七
振替 〇〇一六〇-三-二七一八三
http://www.sakuhinsha.com
本文組版 米山雄基
印刷・製本 シナノ印刷㈱

ISBN978-4-86182-603-0 C0023